DE NOS RÉFORMES.

DE NOS RÉFORMES

DE NOS RÉFORMES

DES

CAUSES QUI S'OPPOSENT À NOTRE LIBERTÉ POLITIQUE, ET DES MOYENS QUI NOUS RESTENT POUR ACQUÉRIR UNE LIBERTÉ RAISONNABLE.

C'est une main tremblante qu'il faut approcher des lois.

Esprit des lois.

À LEIPZIG,
CHEZ F. A. BROCKHAUS.
À PARIS,
CHEZ SCHUBART ET HEIDELOFF,
QUAI MALAQUAIS No. 1.

1829.

TABLE DES MATIÈRES.

CHAPITRE I. *But de cet écrit* . . . . . 1.
CHAPITRE II. *De la liberté* . . . . . 3.
CHAPITRE III. *Des conditions de la liberté politique* . . . . . . 16.
CHAPITRE IV. *Du gouvernement anglais* . . 27.
CHAPITRE V. *De l'état des sociétés en Europe* . . . . 94.
CHAPITRE VI. *Suite du précédent* . . . . 146.
CHAPITRE VII. *De ce qui résulte de la décomposition de l'ordre politique* . . . . 178.
CHAPITRE VIII. *De ce qui reste à faire* . . 189.
CHAPITRE IX. *Conclusion* . . . . 263.

TABLE DES MATIÈRES

CHAPITRE I.
CHAPITRE II.
CHAPITRE III.
CHAPITRE IV.
CHAPITRE V.
CHAPITRE VI.
CHAPITRE VII.
CHAPITRE VIII.

ERRATA.

Page	9	ligne	8	sont propre	lisez	sont propres
–	19	–	9	s'obtient,	–	obtient,
–	22	–	7	en séparant,	–	en *en* séparant,
–	93	–	9	suffis	–	suffi
–	113	–	9	morseler	–	morceler
–	146	–	14	sordant	–	sor*t*ant,
–	160	–	25	retâchèrent,	–	re*l*âchèrent,
–	171	–	4	d'échelle	–	de *l*'échelle
–	185	–	19	se reproduisant,	–	se reproduisent,
–	189	–	18	faudrait,	–	vaudrait
–	190	–	7	en séparant,	–	en *en* séparant,
–	228	–	1	ne sent,	–	ne *veut*
–	240	–	1	en voulant,	–	*et* voulant,

ERRATA

Page	ligne		
—	9 lignes à sont propres,	—	lisez sont propres.
— 19	— 9 obtieut,	—	obtient,
— 22	— 7 en séparant,	—	en en séparant,
— 95	— 9 suffis	—	suffit.
— 113	— 9 moreeler	—	morceler
— 150	— 11 verdum	—	servant,
— 160	— 25 retéchérant,	—	refléchérant,
— 171	— 4 l'échelle	—	de l'échelle
— 185	— 19 se reproduisant,	—	se reproduisant,
— 189	— 15 fondrait,	—	rendrait
— 190	— 7 en séparant,	—	en en séparant,
— 254	— 1 ne sent,	—	ne veut
— 259	— , ! en roulant,	—	ce voulant,

CHAPITRE I.

But de cet écrit.

Depuis près d'un siècle l'Europe fermente et s'agite. Ébranlé dans ses fondemens, le corps social souffre d'un malaise, d'une inquiétude qui semblent le menacer de commotions. Quelle est la cause secrète de ce mouvement qui mine l'ordre politique et ne s'accorde ni avec la prospérité des peuples ni avec l'existence de nos lois?

Laissant à de plus habiles des développemens hors de notre portée, nous tâcherons seulement de ramener la question à son véritable principe, ce qui nous paraît être trop négligé par ceux qui s'occupent aujourd'hui de cette matière. On a parlé vaguement d'un besoin de réformes, sans indiquer ni sa cause ni la règle du législateur. Attribuant à l'agitation du corps social un principe historique, nous voudrions, remontant au principe, expliquer la cause et rendre compte des effets, ce qui peut seul donner une solution.

Nos raisonnemens se fondent sur l'histoire, nous ne sommes d'aucun parti. Aimant la vérité et pouvant la dire; vivant dans un pays civilement libre, sous un gouvernement juste et sage qui sait éviter les inconvéniens de la vétusté; à couvert des illusions et des influences qui dénaturent les faits, c'est du port que nous voyons la tempête.

CHAPITRE II.
De la liberté.

Il n'est pas de mot auquel on ait donné plus de différentes significations, qui ait frappé les esprits de plus de manières et dont la fausse acception ait fait plus de mal que ce mot de liberté.

Évitons les subtilités. Nous ne parlons que de la liberté juridique de l'homme en sa qualité de citoyen, c'est-à-dire de celle qui lui trace la ligne de ses droits et de ses devoirs comme membre d'une société gouvernée par des lois auxquelles il est obligé de se soumettre pour avoir part à leur bénéfice.

On distingue deux libertés; celle qui comprend les droits de la nation pris collectivement et leur influence sur le gouvernement, c'est la liberté politique, et celle de chaque individu pris séparément, c'est la liberté civile.

La liberté politique consiste à avoir une part à la confection des lois qui régissent la société.

CHAPITRE II.

La liberté civile se forme de deux droits distincts : de celui de propriété qui consiste à jouir exclusivement de ses biens ou des produits quelconques de son industrie, et de celui de sureté personnelle qui plaçant l'individu sous la sauvegarde des lois, le soustrait à l'arbitraire.

Des hommes qui renoncent à l'état de nature pour se réunir en corps de nation afin de partager en commun les avantages de leur existence, ont formé un état indépendant. Cette aggrégation d'hommes ne peut avoir qu'un but, se maintenir et se perpétuer ; or pour se maintenir elle a deux conditions à remplir ; il lui faut résister plus surement aux agressions du dehors et assurer au dedans la tranquillité.

Pour satisfaire à la première, il est nécessaire que chacun sacrifie jusqu'à un certain point de sa propriété et même de sa liberté.

Pour remplir la seconde, indépendamment de nouveaux sacrifices de sa liberté, chacun doit encore, ce qui est bien délicat, faire celui d'une part de sa sureté personnelle ; la puissance législative chargée de maintenir la tranquillité, se voit forcée de rendre chaque membre de l'état accessible aux atteintes de la force publique, et en lui retirant le bénéfice du pacte social, le laisser à sa faiblesse individuelle, vis-à-vis la puissance exécutrice des lois dont l'effet doit aller jusqu'à empêcher la tentative même de la résistance.

CHAPITRE II.

Les droits de propriété et de sûreté personnelle qui constituent les droits de l'homme dans l'état social, ne sont donc ni ne peuvent être absolus, chacun étant obligé d'en céder sa part plus ou moins grande pour l'harmonie et la conservation du tout. La liberté absolue n'est admissible que dans l'état de nature; dans l'état de nature la liberté consiste en effet à ne dépendre d'aucune autre volonté que de la sienne propre, et c'est précisément cet état de liberté que la condition civile nous ôte en mettant nos droits en rapport avec les droits des autres, en soumettant toutes les volontés particulières à une seule volonté générale, ou à la loi qui est à la fois l'expression et le régulateur de cette volonté. Si chaque membre de la société, s'isolant du reste de ses concitoyens, se refusait à porter sa part des inconvéniens souvent incommodes attachés à la durée de l'état, celui-ci serait dissous par le fait, autant vaudrait que chaque membre émigrât pour s'établir ailleurs.

Ainsi la vraie liberté civile n'est et ne peut être que celle qui résulte des droits de propriété et de sûreté, déduction faite de la juste part qu'éxige le but de la société et des sacrifices que chacun est obligé de faire de ses droits en faveur de la conservation du corps social dont il est membre.

Et dans l'ordre politique ce n'est que cette quotité de liberté que l'on soit fondé en droit à demander comme une prérogative naturelle.

La difficulté consiste à préciser exactement jusqu'où iront cette part et ce sacrifice, où finit le sacrifice nécessaire, où commence le superflu, c'est-à-dire où finit la liberté, où commence l'abus.

Et c'est parce qu'on est trop enclin à se tromper sur l'étendue du sacrifice, qu'on donne souvent à la liberté une interprétation contraire au but de l'état, en laissant trop à la liberté naturelle et trop peu à la liberté civile.

Pour résoudre ce problème de la meilleure manière possible, pour tracer la limite entre l'abus et le sacrifice nécessaire, pour empêcher l'un et prescrire l'autre comme un devoir indispensable, la société tourne ses voeux vers la liberté politique, comme étant la réunion des moyens jugés suffisans pour garantir la liberté civile. Un peuple qui fait ses lois croit être à l'abri des abus, et si sa liberté périclite, ne devoir au moins s'en prendre qu'à lui-même. Mais ce n'est pas tout de faire ses lois, il faut encore que ces lois soient bonnes, et nous appelons bonnes lois, non celles qui le sont en théorie, mais celles dont la pratique est la plus conforme à l'intérêt et à la conservation de l'état, celles dont la nature est telle que personne dans l'état ne puisse se tromper sur la portion de liberté dont-il doit faire le sacrifice pour être libre, c'est-à dire pour contribuer en renonçant à quelque chose, à la durée et à la conservation du reste.

La liberté civile et la politique n'ont pas toujours été réunies. Dans la plupart des monarchies les peuples ont plus ou moins joui de la première sans posséder la seconde, le gouvernement s'étant réservé le pouvoir législatif et l'exécutif à la fois, ne laissant au peuple que la jouissance des lois sans lui permettre de les faire.

Que la liberté civile telle que nous l'avons définie, soit de droit, rien n'est mieux fondé à moins de vouloir que la société périsse. Mais il n'est pas aussi certain que la liberté politique soit un droit, et ceux qui la fondent sur une prétendue souveraineté du peuple, comprennent fort mal le but de l'état.

Car dans l'ensemble de l'ordre politique, la nature et l'étendue des droits dépendent des circonstances dans lesquelles l'état se voit placé et qui font sa législation : circonstances qui peuvent être telles que la liberté politique, loin de garantir les droits de l'individu, amènerait la dissolution de la société.

On ne saurait donc réclamer comme un droit ce qui renverserait tous les droits, et qu'est ce qu'un droit dont on ne saurait faire usage?

Le mot de droit n'a aucune signification s'il ne désigne pas ce qui appartient à chacun. Dans l'ordre naturel il n'appartient à chacun que ce qui ne nuit pas à autrui. A plus forte raison dans l'état social ne peut on légitimement réclamer que ce qui se concilie avec l'ordre général et le but de la société.

Mais le but d'un état indépendant n'est autre que la durée; la durée éxige la conservation générale, la conservation ne saurait admettre d'autres droits que ceux qui maintiennent et perpétuent la société. L'intérêt public est la somme des intéréts particuliers, ce qui peut le compromettre, loin d'être un droit, est un abus qu'il faut supprimer.

Et voilà précisément l'erreur dans laquelle on tombe aujourd'hui: on ne voit guère qu'un côté de l'organisation politique; on soulève mal à propos quelques intérêts particuliers et l'on établit un droit général sans se demander si l'ensemble n'en doit pas souffrir.

Quand on parle des droits du peuple, il faut les désigner, il faut clairement exprimer ce qu'on qualifie de droit. Le peuple a droit à la jouissance de bonnes lois, en un mot à être bien gouverné, car des hommes qui se réunissent en corps de nation, ne le font que pour jouir du plus grand bonheur possible: mais dans l'ordre politique le peuple ne pouvant pas se limiter, il n'est pas certain que les lois qu'il ferait seraient des lois conservatrices, que son gouvernement répondrait à ses véritables besoins.

Car comme dans le gouvernement la chose essentielle est que les droits de tous soient maintenus, il n'y a que l'universalité des intérêts qui fasse les bonnes lois. Dès qu'on perd de vue l'intérêt de la communauté, les lois ne peuvent qu'être mauvaises et la législation croule parce que rien de vicieux ne peut durer.

Or en matière de liberté la grande question est de savoir si ceux qui veulent faire les lois, peuvent en faire de bonnes, si ceux qui veulent la liberté sont propre à l'établir, si ceux qui la demandent avec le plus d'instance peuvent aussi l'assurer.

Les élémens dont l'état se compose, ont chacun leur principe d'où dérive leur action, et tous ne sont pas également aptes à faire une bonne liberté.

Ainsi l'intérêt de l'état peut facilement être compromis par la liberté même et l'état périr par ses propres lois, parce que remises en des mains peu sûres, ces lois n'ont pas embrassé la communauté et l'ensemble des rapports, mais ne sont au fond que des lois de parti.

Tel peuple qui se croit libre parce qu'il travaille à ses lois, peut encore en dernière analyse n'avoir qu'un bien mauvais gouvernement, ce dont il ne s'apercevra qu'après qu'il aura tout perdu.

La liberté politique n'est donc et ne peut être au plus qu'un droit conditionnel subordonné à mille rapports divers, et les conditions qui en donnent la jouissance sont souvent impossibles à remplir.

Dès que ces conditions sont au dessus du pouvoir de l'homme, il ne peut plus être question du droit.

La véritable liberté n'existe et ne peut exister que là où elle est dans des mains incapables d'en abuser: il faut donc au préalable chercher à qui dans l'état en remettre le dépôt, et c'est se tromper que de croire que ce dépôt puisse indistinctement appartenir à tout le monde.

Semblable à ces biens de la terre dont on a l'usufruit, mais dont on n'a pas la disposition, la liberté veut avant tout que personne ne puisse toucher à la liberté. Qu'elle existe, qu'on en jouisse, mais qu'on n'y fasse rien.

C'est là ce qui rend le gouvernement libre si dur que chacun est obligé de veiller à la liberté en veillant d'abord sur lui-même. Il faut continuellement dépouiller sa nature et toutes ses passions, il en coûte tout notre être pour demeurer libre.

La liberté est un aliment de bon suc, mais de forte digestion, il faut des estomacs bien sains pour le supporter. Je ris de ces peuples avilis qui se laissant ameuter par des ligueurs, osent parler de liberté sans même en avoir l'idée, et le coeur plein de tous les vices des esclaves, s'imaginent que pour être libre il suffit d'être des mutins. Fière et sainte liberté, si ces pauvres gens pouvaient te connaître, s'ils savaient à quel prix on t'acquiert et te conserve, s'ils sentaient combien tes lois sont plus austères que n'est dur le joug des tyrans, leurs faibles âmes esclaves de passions qu'il faudrait étouffer, te craindraient plus cent fois que la servitude *).

De toutes les formes politiques que les hommes ont trouvées pour remplir le but de leur association, la monarchique est la seule où la liberté soit bonne, c'est-à-dire durable. La monarchie héréditaire prévenant les divisions intestines est la seule forme fixe, et la fixité est la première condition de toute liberté.

Mais dans la monarchie que d'élémens, que d'intérêts divers, que de combat entre ces élémens. Toutes les tendences veulent s'y satisfaire, et la liberté qui les alimente et les encourage, n'est souvent qu'un vaste désordre dans lequel on cherche en vain l'ombre d'une liberté.

Car comme dans une forme politique où le bonheur de tous est confié à un seul, il doit exister des pouvoirs intermédiaires pour empêcher les froissemens entre celui qui gouverne et ceux qui sont gouvernés, la monarchie réclame des ordres différens et des droits différens, et la liberté sera pesée à autant de balances différentes. Le prince, les grands, le peuple, tous voudront être libres à leur manière et l'état sera sans cesse agité.

---

*) Rousseau, gouvernement de Pologne.

L'agitation dans l'état n'est pas toujours un mal. Quand le mouvement général des esprits est dirigé vers un but commun, celui de maintenir l'intérêt de tous en défendant chaque intérêt particulier; quand les divers élémens se tiennent en respect et se résistent seulement l'un à l'autre sans prétendre se détruire, il peut résulter du trouble même une parfaite harmonie et une véritable paix d'un désordre apparent.

Mais pour que l'agitation soit un bien, il faut de puissantes barrières; là où tant de forces agissent et tendent à s'échapper au dehors, il faut à chacune son contrepoids. Les barrières enlevées, il n'y a plus que combat et destruction, anarchie et nivellement, violence et despotisme.

Or ces barrières ne doivent pas être de simples lois qu'on puisse faire et défaire à volonté et qui ne soient guère qu'un papier écrit: ce doivent être de grands corps, des institutions fortes où vienne se briser la volonté.

Et comme dans cette lutte inévitable entre des élémens contraires, la plus grande chance est pour la force numérique, c'est-à-dire pour le pouvoir populaire, on sent que dans l'état libre c'est ce pouvoir surtout qui veut être le plus fortement contenu, et la difficulté de le contenir est grande attendu qu'il obtient par la législation même un pouvoir légal dont il voudra toujours se servir.

Il faut donc de toute nécessité que dans l'état libre les institutions qui assurent la liberté, aient un caractère le moins démocratique possible, et que laissant au peuple toute sa liberté, sa force ne lui serve plus à rien.

Ainsi de toutes les formes connues le gouvernement libre est la plus difficile parce que c'est celle qui demande le plus de choses réelles et s'accomode le moins du niveau. Peuples qui voulez être libres, fuyez le nivellement si la liberté vous est chère.

Au contraire le gouvernement absolu bien plus facile, peut vivre de fictions, parce qu'il n'y a là qu'une force qui agisse, et que tous les tenans et les aboutissans viennent se réunir dans un même centre de puissance. Il n'y a pas d'agitation dans ce gouvernement qui serait le meilleur de tous si l'on pouvait espérer que la liberté des citoyens y fut toujours à l'abri des atteintes, ce qui n'est guère possible vu les influences diverses qui peuvent agir sur lui.

Il en est de même de la république, si la liberté républicaine étoit la vraie liberté. Il n'y a encore dans ce gouvernement qu'une force en action, il n'y a point de lutte entre des élémens contraires, la tendance du peuple satisfaite n'a plus rien à demander *).

---

*) Tout ce chapitre qui ne renferme que des principes généraux, sera développé dans les suivans.

Ainsi lorsque de nos jours les peuples s'agitent pour avoir la liberté politique et demandent cette liberté comme un droit, nous pensons qu'il serait imprudent de leur faire des concessions avant d'avoir éxaminé si elles peuvent leur convenir. L'existence du corps social dépend de cet examen, et l'on ne peut qualifier de droit que ce qui se concilie avec l'intérêt de tous; compter sur sa vertu pour s'arrêter à propos, nous semble une forte présomption.

Un grand peuple existe en Europe qui jouit de la liberté civile et politique dans toute son étendue, et dont la législation paraît à la société pouvoir servir de modèle à tout bon gouvernement. Cette prétention d'avoir le gouvernement anglais mérite un examen sérieux; avant de demander un gouvernement il faut le connaître, et il est certain que les écrits que nous possédons sur la constitution britannique, excellens en eux mêmes, ne nous donnent cependant que l'esquisse de cette constitution, s'attachant plus à la forme qu'au fond et gardant le silence sur la manière dont les choses s'exécutent, ce qui est l'essentiel. Il y a deux choses à suivre dans le gouvernement anglais, la théorie qui est dans les livres et la pratique qui est le fruit de l'expérience sur les lieux même. Celle-ci est la plus importante, comme dans toutes les choses de ce monde où la théorie bonne dans son essence, est souvent au dessus du pouvoir de l'homme.

Mais avant de parler de l'Angleterre, posons quelques principes.

CHAPITRE III.

Des conditions de la liberté politique.

La liberté politique consistant à obtenir un droit et une influence sur le gouvernement, le but et la conséquence d'une constitution dans le sens particulier de ce mot, sont de faire participer les sujets à la confection des lois, de sorte qu'au lieu d'un pouvoir législateur qui existe dans la monarchie absolue, il en existe plusieurs dans la monarchie constitutionnelle.

En d'autres termes, le gouvernement représentatif a pour but la division de la puissance législative.

Dans une monarchie ainsi constituée, il n'y a donc pas unité d'action, il y a pluralité d'action, et cette pluralité amène aussi naturellement la différence d'action, cháque pouvoir ayant sa volonté et sa tendance particulière, qui pour concourir toutes en dernière analyse au but de l'état, peuvent cependant l'envisager sous des

CHAPITRE III.

points de vue différens et diverger d'une manière très sensible dans les moyens de l'atteindre.

Les dangers de cette pluralité dans l'action du gouvernement sont évidens; elle donne de la puissance à tout le monde, elle remue toutes les passions pour le bien comme pour le mal.

Pour qu'une société ainsi constituée puisse se maintenir en pratique et n'être pas seulement l'idéal d'une simple théorie de gouvernement, l'essentiel est que les pouvoirs moteurs soient justement et également distribués, afin que l'action malgré la pluralité, soit égale, constante, uniforme.

La division du pouvoir législatif est donc de toutes les choses la plus importante dans l'état; il ne suffit pas qu'il soit divisé, il faut encore qu'il le soit si bien que les pouvoirs se balancent, que toutes choses soient égales, et que dans la confection des lois, dans l'exercice de la liberté politique, les divers pouvoirs ne puissent pas empiéter l'un sur l'autre et se nuire réciproquement.

Le prince renonçant à la puissance absolue *),

---

*) Nous admettons toujours comme point capital que c'est au souverain seul qu'il appartient de modifier le gouvernement. Les réformes violemment arrachées par les peuples ne peuvent conduire ni à la liberté, ni même à une forme durable, parce qu'il est de toute impossibilité que le peuple se modère. La grande charte des Anglais a fait couler des torrens de sang; il a fallu cinq siècles et plus, de troubles et de

fait des concessions à son peuple, il lui octroie une forme de gouvernement dans laquelle il lui donne une part directe au pouvoir. Au lieu d'une force qui a gouverné jusqu'alors sans résistance, il s'en établit deux dans l'action du gouvernement, celle du prince et celle du peuple. Deux forces égales qui se rencontrent à leur centre, se balancent et se neutralisent, mais on ne saurait admettre en pratique que prince et peuple soient toujours deux forces en repos parfaitement égales qui puissent se balancer réciproquement; il ne s'agit pas ici de vaines théories, le régime représentatif ne les suppose pas; fondé sur des intérêts matériels, il veut des réalités.

La nature du pouvoir est contraire au partage, le pouvoir vise à l'exclusif. L'amour du pouvoir est la grande maladie du coeur humain, et les hommes ne désirent tout que parce qu'ils possèdent beaucoup. Les concessions du pouvoir dans l'état qui jusqu'alors a été gouverné absolument, ne sont donc jamais bien volontaires par cela seul que le pouvoir qui s'y résout ne peut trop savoir jusqu'où il sera dans le cas de

---

guerres civiles avant que la liberté pût s'établir; d'ailleurs elle a été due à des circonstances particulières à l'Angleterre, et qui ne sauraient appartenir à d'autres monarchies. Ceux qui se fondent sur la grande charte pour obtenir une constitution à la pointe de l'épée, ne connaissent pas l'histoire. *Voyez* chapitre IV. et suivans.

les porter, et qu'il doit craindre qu'en cédant quelque chose, il n'encourage à demander davantage et finalement ne conserve plus rien. Ces concessions toujours obligées et qui doivent effrayer le prince non dans son intérêt, mais dans l'intérêt positif de l'état, produisent par cela même et tout naturellement une forte tension entre le pouvoir qui cède à regret et le pouvoir qui s'obtient volontiers. Il est de l'essence de l'un de chercher non seulement à céder le moins possible, mais encore à regagner sur ce qu'il a déjà cédé: l'autre en garde contre les atteintes du pouvoir royal, tendra à empiéter sur lui pour avoir la supériorité et conserver l'avantage. Le pouvoir du prince et celui du peuple offrant ainsi deux forces opposées, essentiellement ennemies l'une de l'autre par la seule nature du pouvoir plus que par la volonté de certains hommes, se rencontrant, se mesurant, se heurtant à chaque pas, cette lutte produirait bientôt un déchirement en faveur de l'un ou de l'autre selon qu'il serait le plus fort ou le plus faible. La royauté serait éclipsée et le peuple tout puissant, ou le peuple aurait le dessous et la royauté deviendrait absolue, il n'y a pas de terme moyen. Ces deux pouvoirs, s'observant et se combattant sans cesse, ne seraient pas longtems égaux, les empiètemens de l'un ou de l'autre rompraient l'équilibre et la loi ne pourrait se soutenir.

Ainsi lorsqu'en France la monarchie fut mise aux prises avec une seule assemblée sans contrepoids, celle-ci attira à elle toute la puissance, et la monarchie périt.

Ainsi en Espagne, à Naples, à Lisbonne, la constitution des Cortès si elle avoit eu le tems de s'établir, fondée sur le même principe, aurait offert le même résultat.

Tel est le sort général des forces dans la nature comme dans les corps politiques, et nous supplions qu'on y fasse bien attention; elles cherchent toutes à empiéter les unes sur les autres. Là où une force plus grande domine, toutes les autres en sont insensiblement dévorées. L'histoire du corps social n'est au fond que l'histoire de ce phénomène pour lequel il faut à la vérité plus ou moins de tems selon que les forces dans l'état sont bien ou mal partagées; car toutes les sociétés à travers la monarchie, l'aristocratie, la démocratie, vont plus ou moins rapidement à l'unité, comme à travers les montagnes, les vallons, les côteaux, les fleuves vont à la mer.

On ne saurait donc attacher ici le moindre prix à l'assurance banale de l'attachement des peuples à leurs dynasties et de l'amour des souverains pour les sujèts. Le coeur n'est pour rien dans les lois, et assurément n'y-a-t'il pas de plus faible garantie que le coeur humain. Ne considérons dans cette question que les choses qui restent et faisons abstraction des hommes qui passent. Il est possible qu'il y ait encore quelque vertu parmi les hommes, mais elle n'est point ordinaire, et en fait de gouvernement on ne saurait compter que sur des choses ordinaires.

Toute forme politique répartissant le pouvoir et mettant en contact la part du prince et celle du peuple, est par conséquent une forme absurde qui peut se soutenir quelque tems, comme les plus mauvais gouvernemens, parce que les révolutions demandent plus d'un jour et sont le dernier terme où l'édifice fortement penché ne se soutient plus et s'écroule, mais elle porte sa fin prochaine dans les élémens même qui la composent.

Un troisième pouvoir devra s'élever entre ces deux combattans comme pour tempérer leur impétuosité et rallentir leur ardeur. Pour le trône dès que le peuple veut gagner du terrain, il sera contre le trône dès que le pouvoir royal dépasse ses limites. Se jettant alternativement d'un côté ou de l'autre pour protéger le plus faible contre le plus fort, il mettra tout son poids dans la balance pour en rétablir l'équilibre. La part du prince et celle du peuple lui seront également chères; il ne connaîtra aucune préférence, bornant toute son attention et sa puissance à les conserver toutes deux sans que l'une puisse gagner ou perdre à l'avantage ou au détriment de l'autre. Alors les empiètemens deviendront impossibles, les ennemis ne seront plus en présence, un mur impénétrable les séparera, la société pourra compter sur la durée de sa loi, elle sera heureuse, elle aura atteint son but.

On ne prétend nullement parler ici des causes étrangères à la loi qui pourraient influer sur sa durée. On ne parle que de la loi même en séparant tout ce qui n'est pas elle, en la dégageant de tout cet appareil extérieur d'armées, de flottes, de commerce, de relations politiques qui peuvent encore l'embarrasser.

Ce troisième pouvoir qui servira de liaison aux deux autres, qui cimentera le pacte entre le prince et le peuple, mais qui les séparera de fait et sera une barrière à tous deux, sera autre chose que le prince, autre chose que le peuple, moins élevé que l'un, plus élevé que l'autre et placé naturellement à même distance entre les deux; car s'il tenait du prince ou du peuple, ce pouvoir bientôt retournerait à ses élémens primitifs et se confondant avec eux, ne séparerait plus rien. La noblesse remplit ce but dans toute son étendue; elle ne peut pas se confondre avec le prince qui est trop au dessus d'elle et qui l'éclipse, elle ne peut non plus se confondre avec le peuple parce qu'il en naîtrait pour elle une confusion de rangs qui la ferait cesser d'être. Ce pouvoir sera donc l'aristocratie de naissance.

Il résulte de ce que nous venons de dire,

Chapitre III.

que l'équilibre le plus parfait ne peut subsister entre les pouvoirs, qu'autant qu'ils se composent, comme on voit, de trois choses inégales solidaires entre elles. Il faut trois choses pour que l'une puisse balancer les deux; il les faut inégales et distinctes pour qu'elles ne se confondent pas, l'une dans l'autre et cessent par la d'être trois. Réduites à deux, rien ne les balancerait, l'une finirait par détruire l'autre et elles retomberaient dans l'unité, c'est-à-dire en d'autres termes, une monarchie constitutionnelle avec deux pouvoirs que créerait l'égalité, rentrerait inévitablement par ce défaut d'équilibre ou dans l'unité du despotisme, ou dans l'unité républicaine.

Il faut donc que dans la monarchie constitutionnelle l'égalité sociale soit soigneusement bannie comme tout-à-fait contraire à sa nature, puisque l'égalité ne saurait créer ce nombre de trois, cette trinité politique qui est d'un si grand sens dans ce régime.

L'inégalité qui maintiendra les trois pouvoirs ne doit pas reposer sur des fictions, il ne s'agit pas ici de simples mots, de simples noms; ce doivent être des choses positives, de grandes réalités, des institutions fortes, capables de poser de justes limites, de contenir dans un ordre de gouvernement où tout est action et réaction perpétuelle, des hommes revêtus d'un haut degré de souveraineté; car le droit de faire les lois est la souveraineté même. Des mots n'imposent à personne : des choses purement nominales finissent toujours par se confondre et s'amalgamer avec les choses qu'elles doivent séparer. Nous ferons remarquer plus tard quel a été dans le corps social le sort des fictions que l'opinion a bientôt rangées parmi les préjugés, parce qu'en effet elles n'ont pu arrêter qu'un moment le torrent dévastateur de l'esprit du nivellement.

Ce n'est donc pas tout que l'inégalité soit simplement énoncée dans l'acte constitutionnel et qu'on y parle d'aristocratie, de pairie; il faut encore que les choses existent de fait, car si dans certains pays décomposés l'institution a disparu, cette inégalité n'existant que pour la forme, ne créerait au fond qu'un fantôme de pouvoir incapable de balancer longtems les deux autres.

Dans ces pays nivelés, toutes les chartes possibles voulant créer les trois pouvoirs, n'en créeront en réalité que deux; le troisième ne prêtera que son nom, que pourrait-il donner de plus ? Les deux pouvoirs ennemis séparés seulement par une convenance, une simple formalité, une fiction sans crédit et sans force, se chercheraient bientôt et ne seraient pas longtems à se retrouver. Alors tout dans l'état tendrait à rentrer dans l'une des unités soit du despotisme, soit de la république, et si malgré ce défaut les choses se soutiennent quelque tems, elles en seront redevables à des circonstances fortuites et passagères et à des causes tout-à-fait étrangères à la législation même sur lesquelles il serait peu prudent de compter toujours.

Telles sont en peu de mots les conditions principales du gouvernement monarchique représentatif. Ce gouvernement se forme de trois pouvoirs composés d'autant d'élémens différens, solidaires entre eux, mais fortement séparés par la différence de leur nature et se résistant l'un à l'autre par leur diversité même qui fait de chacun d'eux un contrepoids naturel. Les dispositions réglementaires d'une charte, quelque bonnes qu'elles puissent être en elles mêmes, ne peuvent avoir d'effet qu'autant que ces conditions sont remplies; celles-ci sont les fondemens de l'édifice: ce que le législateur croit nécessaire d'établir de plus pour l'exécution d'une charte, appartient plus à la forme, et l'on voit que la forme n'est rien si le fond de la loi ne peut la soutenir *).

---

*) Le gouvernement à trois branches était connu des anciens, (*Statuo esse optimam rempublicam quae ex tribus generibus illis regali optimo et populari modo confusa.* Cicéro) mais ils le considéraient comme impraticable. Tacite qui écrivait sous le despotisme militaire: *Cunctas nationes et urbes populus aut priores aut singuli regunt; delecta ex his et constitutâ reipublicae forma laudari facilius quam evenire, vel si evenit haud diuturna esse potest,* devait en

« Nous ne parlons pas du pouvoir exécutif; si le pouvoir législatif doit être divisé, l'exécutif doit rester indivisible; mais il n'est pas indispensable, comme quelques publicistes le demandent que le pouvoir législatif soit séparé du judiciaire*).

---

effet s'exprimant ainsi, avoir quelques doutes sur la durée d'un semblable gouvernement.

*). Le parlement d'Angleterre est juge dans beaucoup de causes. La chambre haute est le premier tribunal du royaume, celle des communes décide du divorce par des *private-bills*, et le roi dans son conseil privé exerce une infinité d'actes judiciaires.

CHAPITRE IV.

Du gouvernement anglais.

La vraie constitution britannique telle que nous l'apercevons aujourd'hui dans son ensemble, ne date que de 1689. Ce qui a existé avant ce tems n'est guère un modèle à suivre. La grande charte du roi Jean tout en posant les bases de la liberté, n'a pas sauvé les Anglais de la tyrannie. Il n'y eut pas l'ombre d'une liberté sous Henri VIII, il n'y en eut aucune sous Marie, il y en eut fort peu sous Elisabeth dont le règne fut cependant un des plus beaux de l'histoire. L'Angleterre avec son parlement et ses formes représentatives, a eu le véritable despotisme; elle a eu ses emprisonnemens arbitraires, ses commissions ecclésiastiques, sa chambre étoilée, ses échafauds et ses buchers; elle a même eu sa révolution, son régicide et sa république, sans parler des guerres civiles qui lui ont laissé fort peu de repos. Que ceux qui pensent qu'on ne puisse être libre qu'avec des formes parlementaires, consultent les annales anglaises: ils se persuaderont que les influences du pouvoir sont bien grandes, que le trône dispensateur des grâces a partout son culte et ses autels, et que tout en conservant une représentation nationale et la liberté politique, un peuple peut encore n'avoir de la liberté civile que le nom et gémir dans les fers. Lorsqu'enfin à la révolution de 1689 les droits de la couronne et les privilèges de la nation furent mieux définis, et que la célèbre déclaration des droits fit disparaître le vague qui avoit régné jusqu'alors dans la législation, il se trouva par le concours des plus heureuses circonstances que la loi put être assise de nouveau sur de grandes et belles institutions dont l'origine se perd dans la nuit des tems, et qui avaient résisté pendant des siècles aux plus fortes secousses intérieures. Pour comprendre, comment ces institutions pûrent se soutenir en Angleterre, tandis qu'elles ont presque entièrement disparu sur notre continent, qui les possédait également et qui même les lui avait transmises, il faut réfléchir à la différence des tems, des lieux et de la législation, les circonstances qui ont si puissamment influé sur la constitution britannique, n'ayant pas été les mêmes dans d'autres monarchies.

L'Angleterre qui fut la proie de tant de peuples, avait pris la loi de tous. Sa langue, ses moeurs, ses institutions s'étaient réglées sur les

Chapitre IV.

nombreuses vicissitudes de son histoire. Romains, Pictes, Scots, Danois, Angles, Saxons, l'avaient possédée tour à tour, et après chaque domination, des traditions, des coutumes, des lois étaient restées. Toutes ces nations incorporées et mélées l'une dans l'autre, se communiquèrent mutuellement leurs usages pour le droit de propriété et le code criminel. Lorsque les Saxons envahirent la Grande-Bretagne, comme leurs prédécesseurs, ils y transmirent leur gouvernement. Ce peuple qui jouissait dans son propre pays d'une liberté fort étendue, garda avec persévérance ce trésor inestimable dans son nouvel établissement, et y porta le même esprit d'indépendance que lui avaient légué ses ancêtres. Les *chieftains* (car ce nom leur convient mieux que celui de rois ou de princes) qui les commandaient dans leurs expéditions militaires, n'avaient sur eux qu'une autorité très limitée: ils avaient exterminé les anciens habitans, plus qu'ils ne les soumirent, et quoique transplantés à la vérité dans un nouveau territoire, ils y conservèrent toutes leurs institutions civiles et militaires sans aucune atteinte. On ne parla que la langue saxonne dans l'île conquise, les moeurs et les coutumes germaines furent établies sans mélange. Loin d'être revêtu d'un pouvoir arbitraire, le roi n'était considéré seulement que comme le premier entre les citoyens; son autorité était plus attachée à son mérite personnel qu'à sa couronne; on le rapprochait même si fort du niveau des autres habitans qu'un prix était fixé à sa tête et une amende légalement déterminée et levée en cas qu'il fut assassiné. Or cette amende quoique proportionnée à son rang et plus forte que pour le meurtre d'un sujet, constatoit assez la subordination du chef aux membres de l'état. Quant au gouvernement, nos connaissances sur l'histoire et les antiquités saxonnes sont trop imparfaites pour nous mettre en état de déterminer avec certitude toutes les prérogatives de la couronne et les privilèges du peuple. Il est vraisemblable aussi que les constitutions différaient dans les états de l'heptarchie, et qu'elles changèrent souvent pendant le cours des six siècles qui s'écoulèrent depuis la première invasion des Saxons jusqu'à la conquête des Normands; mais il est prouvé que de tout tems et dans tous ces royaumes, il y avait un conseil national appellé *Wittenagemotte*, ou assemblée des sages, dont le consentement était nécessaire pour passer des lois et ratifier les principaux actes publics de l'administration. Les préambules de toutes les lois d'alors, d'Etelbert, d'Edourd l'ancien, d'Alfred, et même de Canut le Danois, quoique ce prince fut un conquérant, mettent ce fait au dessus de la discussion, et portent la preuve que le gouvernement était partout légal et limité. Mais les anciens auteurs nous laissent ignorer quels étaient les membres de cette assemblée. On convient que les évêques et les abbés en formaient une partie essentielle, que même les abbesses y étaient admises ou du moins signaient les chartes des dons du roi; il paraît aussi que les *Aldermen*, ou gouverneurs des provinces qui du tems des Danois furent appellés comtes *(Earl)* étaient partie intégrante de ce conseil, et donnaient leur consentement aux statuts publics. Mais outre les prélats et les *Aldermen* on fait encore mention des *Whites*, ou sages, comme d'une branche distincte dans le *Wittenagemotte*; et ce qu'étaient ces sages n'est pas éclairé par l'histoire de ces tems reculés. On a soutenu, et cette opinion paraît assez naturelle, que les *Whites* ou *Sapientes* étaient les juges et les hommes les plus versés dans la connaissance des lois. Dans aucun cas il ne faut croire que ce fussent les communes: celles-ci n'ont eu dans l'origine aucune part dans les gouvernemens établis par les Francs, les Borguignons et les autres nations septentrionales, et d'ailleurs les anciens en parlant du *Wittenagemotte* appellent toujours ses membres *Principes, Satrapae, Optimates, Magnati, Proceres*, dénominations qui semblent supposer une véritable aristocratie. En effet, avant la conquête des Normands, le gouvernement anglo-saxon penchait absolument vers l'aristocratie qui s'était formée naturellement par la puissance de la propriété foncière et l'ascendant de la richesse. Si le tiers état entrait dans le conseil, il devait y avoir peu de poids et de considération à raison de sa pauvreté et de son ignorance: les communes se développèrent beaucoup plus tard. De toutes les conjectures qu'on a faites sur la composition du *Wittenagemotte*, la plus vraisemblable est celle-ci, que les plus grands terriens étaient de droit et sans nulle élection membres de l'assemblée nationale; il y a même lieu de penser, au rapport de Blackstone, que quatre ou cinq mille acres de terre suffisaient pour donner cet honorable privilège auquel cependant la propriété territoriale doit avoir été attachée, puisqu'une personne de la plus haute naissance et même alliée de la couronne, n'était pas regardée comme *princeps*, terme dont se servent les anciennes chroniques lorsqu'il est question du *Wittenagemotte*, à moins qu'elle ne possedât au moins cette étendue de terre. Quoiqu'il en soit, la législation résidait essentiellement dans le *Wittenagemotte*, l'autorité royale était limitée, l'Angleterre sous le gouvernement saxon jouissait déjà de cette liberté précieuse dont elle est si fière aujourd'hui; c'est à de généreux barbares sortis des forêts de la Germanie, qu'elle est redevable de tous ses avantages.

Lorsque les Normands, peuple impérieux et dur avec lequel les souverains de France n'avaient pu composer qu'en lui cédant la Neustrie appelée depuis Normandie, vinrent fondre sur l'Angleterre, ils firent ce qu'avaient fait les Saxons, ils ravagèrent le pays, dépossédèrent les propriétaires, s'emparèrent de leurs terres et proscrivirent jusqu'à la langue nationale, mais ils ne purent conquérir la loi; elle avait jeté de trop profondes racines, elle put souffrir un moment du despotisme de la conquête, mais elle dut renaître bientôt plus belle, plus assurée que jamais par la tyrannie même des vainqueurs.

Guillaume le bâtard pour se maintenir, imposa le gouvernement féodal à sa nouvelle conquête; c'était le seul dont il eut l'idée et que l'on connut alors. Il distribua les terres à ses compagnons de guerre, divisant tout le pays excepté le domaine de la couronne, en baronnies qu'il conféra aux siens avec la réserve de services militaires et de redevances en argent. Ces grands barons qui par la mouvance féodale tenaient immédiatement de la couronne, aliénèrent une partie de leurs terres à d'autres étrangers qu'on appela chevaliers ou vassaux. Tout le royaume contenait environ 700 principaux tenanciers vassaux de la couronne et 6215 *Knight-fees* ou chevaliers inféodés vassaux des grands barons. Aucun Anglais n'étant admis dans la première classe, le petit nombre de ceux à qui la propriété territoriale était restée fut trop heureux d'être reçu dans la seconde, où sous la protection de quelque grand seigneur normand, chaque ancien propriétaire se chargeait lui et sa postérité d'un fardeau pesant pour conserver des terres qu'il avait reçues libres de ses ancêtres. Le peu d'Anglais qui entra ainsi dans ces classes militaires ou civiles, fut assujetti sous le joug étranger par une subordination si excessive que la domination normande parut alors affermie sur une base inébranlable. Ce fut précisément cette rigueur du gouvernement féodal qui servit le plus à l'affermir, et le despotisme militaire fut la vraie source de la liberté. Les barons normands obligés pour se maintenir dans des possessions ravies, de former entre eux une union forte, ne se séparèrent point, leur cause étant celle de tous, ils partagèrent tous les dangers et tous les inconvéniens communs, et lorsque plus tard sous les règnes suivans, le peuple conquis se fut fait à la domination normande et que le souverain gêné par la féodalité voulut étendre ses droits, la fédération des grands put lui opposer la plus vive résistance et changer de but comme de direction. Ce ne fut plus pour se défendre contre l'ancien peuple belliqueux que les grands restèrent unis ; ce fut pour se prémunir contre les abus de la puissance royale qui en Angleterre comme dans le reste de l'Europe, visait à se rendre indépendante en brisant les liens du gouvernement féodal. Il était bien simple que l'esprit d'indépendance et de liberté renâquit au milieu d'un peuple dont les ancêtres l'avaient possédé à un si haut degré; il l'était encore davantage que les barons normands une fois affermis et qui ne tenaient plus rien de la rudesse de leurs aïeux, redoutassent l'oppression et jugeassent l'ancienne forme saxonne parfaitement propre à contenir l'autorité du prince. Le pouvoir despotique que Guillaume avait fondé sur le gouvernement féodal, s'affaiblit sous ses successeurs comme tout pouvoir assis sur la force; mais la féodalité n'en devint que plus intense, et la sagesse avec laquelle les grands du royaume surent s'attacher leurs vassaux et les communes, mit la dernière main à l'oeuvre de leur fédération. Ceci est fort remarquable et a fait la liberté des Anglais telle que nous la voyons établie de nos jours, en la remettant depuis la conquête dans les mains d'un grand corps de noblesse qui en garda constamment le dépôt. La noblesse anglaise dans ses démêlés avec la couronne, n'a toujours eu qu'un but, maintenir la couronne dans de justes limites et assurer aux communes la libre et pleine jouissance de leurs droits. Les communes et la noblesse ne se séparèrent jamais, elles furent toujours en Angleterre deux corps solidaires, étroitement unis, que le souverain ne réussit jamais à combattre séparément pour les détruire avec plus de facilité. Les attaques furent souvent fort vives, mais la résistance fut plus forte. Dans toutes leurs transactions avec la couronne les nobles stipulèrent en faveur du peuple, et le peuple par intérêt autant que par reconnaissance, ne se ligua point avec la couronne contre les nobles. De cette manière la noblesse liée par les plus fortes attaches, toujours unie, toujours vigilante, s'appuiant du peuple et plus puissante que le souverain, put s'observer elle même, observer les autres, et se constituer en corps politique revêtu de fonctions législatives et d'attributions légales, ce qui a du assurer son existence et la maintenir de siècle en siècle dans tout l'éclat et toute la force de son premier établissement.

Telle fut l'origine de ce gouvernement qui depuis un tems immémorial et sous toutes ses phases, fut toujours une monarchie aristocratique, assise depuis la conquête sur le lien féodal. Le parlement anglais fondé sur l'ancien conseil saxon, fut d'abord la représentation des grands qui d'une main ferme saisirent le gouvernail des libertés publiques, et par un effet de cette prévision, de ce calme, de cette sagesse qui semblent être le partage des habitans de la Grande-Bretagne, préparèrent aux communes par les immunités de la grande Charte, l'entrée au conseil de la nation qu'elles obtinrent sous Edouard I en 1295. Ainsi se sont formés à l'ombre de la féodalité les trois pouvoirs en Angleterre, par un enchaînement merveilleux de circonstances qui furent propres à ce pays et n'appartinrent à aucun autre.

Car dans nos monarchies les choses furent autrement distribuées. D'abord, et ce point est fort important, le gouvernement féodal y eut une origine toute différente. Ce fut en Angleterre un ordre légal, un système politique, une véritable forme de gouvernement introduite par le monarque et maintenue à main armée avec toute l'énergie, toute la rigueur que nécessite le droit de conquête. Dans nos états ce ne fut qu'une suite de révoltes continuelles et d'envahissemens successifs des grands sur l'autorité royale. La nécessité ne l'ayant pas établi brusquement comme en Angleterre, ce gouvernement au fond illégal n'eut jamais la même intensité; il ne se développa que lentement sans force, sans unité, et n'offrant pour l'ordre politique qu'un assemblage incomplet de pièces de rapport sans adhérence entre elles et sans système, dans lequel l'intérêt public fut toujours perdu de vue pour des intérêts isolés, il fut facile aux souverains de le combattre et de s'en débarrasser. En second lieu, et ceci a été décisif, les nobles dans leurs querelles avec la couronne firent la faute irréparable de se séparer des communes. Ne songeant qu'à se maintenir par la violence dans des privilèges vexatoires pour les vassaux, ils se souciaient peu du bien-être de la nation qu'ils aidaient même de tous leurs moyens à retenir dans la servitude. Il en résulta que le peuple ne trouvant aucun soutien dans le second ordre de l'état, foulé, vexé, méprisé par lui, se joignit à la couronne contre lui et contribua puissamment à son abaissement. Le souverain et les communes parûrent s'entendre pour réduire la noblesse, ils y réussirent complètement. L'institution sappée dans ses bases croula avec le tems, les communes prirent un essor prodigieux, elles fournirent à la couronne des armées permanentes, le despotisme s'assit sur les décombres de la féodalité et tout espoir de vraie liberté fut perdu sans retour *).

Voilà sans doute ce que devraient considérer aujourd'hui ceux qui prônant sans cesse le gouvernement anglais, demandent ce gouvernement pour tous les peuples et méconnaissent à la fois les élémens dont il se compose et ceux dont nous disposons nous mêmes. Nous n'avons aucun des avantages de l'Angleterre: ce qui c'est passé dans ce pays est précisément le contraire de ce qui s'est fait chez nous, et cette différence changeant tous les rapports, a du changer toute la législation.

L'institution féodale subsistant dans toute sa réalité, et ayant acquis par ses services le respect, la reconnaissance et l'amour de toutes les

---

*) Nous renvoyons pour plus de détails aux chapîtres V. et suivans.

classes d'une nation judicieuse, éclairée sur ses besoins, qui considère la noblesse comme le premier auteur de sa liberté, comme la sauvegarde de ses lois et qui s'en remet à elle du soin de les lui conserver, toute entreprise de la démocratie, toute tendance républicaine viendraient aujourd'hui se briser contre la noblesse comme les vagues de la mer dont cette île est baignée se brisent contre ses rochers. „Ce fut un magnifique spectacle de voir l'Angleterre se consumer en efforts inutiles pour établir chez elle le régime démocratique" *); elle le voudrait encore qu'elle n'y réussirait pas. Si comme nous l'avons exposé plus haut, dans un ordre de gouvernement où le peuple acquiert une part au pouvoir, il est indispensable qu'un corps intermédiaire sépare le souverain et le peuple qui seront toujours deux grands ennemis, c'est en Angleterre surtout que cette condition est remplie dans toute son étendue, et nous ne balançons pas à le dire, ce n'est que parce qu'elle est si bien remplie que la vraie liberté existe, elle aurait péri il y a longtems si les choses étaient autrement disposées.

Dans l'état libre la première des choses est de savoir dans quelles mains il faut remettre la liberté.

La liberté politique qui donne des droits à

---

*) Esprit des lois.

tout le monde, qui produit mille intérêts divers et met toutes les passions en mouvement, est de toutes les institutions la plus délicate et la plus difficile à établir. N'est pas libre qui veut. Dans un état libre tout se réduit à un seul point, c'est que la liberté ait réellement lieu; mais il n'est pas dit que ceux qui sont les plus intéressés à en jouir, soient aussi les plus propres à l'assurer, ou que ceux qui la demandent avec le plus d'instance, puissent aussi la conserver. On n'établit pas sa liberté pour un jour ou deux, mais pour le plus long tems possible: la liberté pour être durable exige que l'on n'y touche point, que l'on n'y fasse rien de peur qu'elle n'en soit altérée; tout ce qu'elle peut, ce qu'elle doit désirer, c'est la perpétuité de son état. Or le peuple ne peut pas assurer la liberté parce que le peuple ne peut jamais se modérer *). Quelques lois que le pouvoir popu-

---

*) Quand nous nous servons du mot peuple, ce n'est pas de la populace que nous parlons, c'est de l'élément démocratique en général, et de son rapport à l'aristocratie et à la monarchie. Ainsi nous entendons toujours par peuple, sa partie la plus éclairée, la roture, le tiers état dont le principe est la plus grande égalité, principe qui l'oppose nécessairement à la couronne et à la noblesse, et en fait un élément plus républicain que monarchique. Depuis la révolution de France, ce nom de démocratie est devenu une véritable injure dans la bouche de certaines gens, mais la démocratie est un élément constitutif de l'état et de la matière première de toute société civilisée. Elle existe, elle fournit une part principale à l'organisation politique, donc elle a des droits au bénéfice

laire se fasse à lui même pour se limiter, elles ne seront jamais quant à lui que de simples résolutions; elles reposent dans lui et sur lui, et n'ayant de point d'appui que lui, ne sont pas des points d'appui et dépendent de sa mobilité, de ses caprices, de ses emportemens. Ne comprenant que la liberté extrême c'est-à-dire la liberté républicaine qui seule lui paraîtra remplir toutes les conditions de sa liberté, il empiétera sans cesse, et croyant travailler à l'affermissement de sa loi en l'étendant toujours, il passera la mesure et abrègera sa durée. Quand un peuple politiquement libre voudra tenir dans ses mains le dépôt de la liberté, il aura dans peu la tyrannie, d'abord la sienne propre la pire de toutes, puis celle d'un seul qui sera de fer, heureux encore s'il peut implorer la triste servitude.

Ainsi le peuple anglais trouva dans le protecteur la fin de sa tyrannie pour devenir l'esclave du tyran. Ainsi la France inondée du sang de ses enfans, se livra à un homme éminemment fort qui n'exerça son empire que parce que le règne du peuple avait lassé le peuple même.

---

de cette organisation: mais ses droits veulent être balancés par d'autres droits, et c'est là ce qui rend le principe de la démocratie si dangereux qu'elle ne voit pas la nécessité de ces droits, elle ne voit que les siens qui ne sont cependant qu'une partie de l'ensemble.

De son côté dans un état libre le prince ne fera que bien peu pour la liberté. Ses entraves le gêneront, le fatigueront à l'excès et feront insensiblement naître en lui l'idée de s'en affranchir. Il y réussira sans peine: les honneurs, les dignités, les richesses seront toujours recherchés par les hommes qui quoiqu'ils en disent, ne sont partisans de l'égalité qu'autant qu'elle leur permet de s'élever. Le trône s'appuiera de quelques ambitions, et les franchises publiques disparaîtront devant les violences du monarque. Prince et peuple sont deux élémens contraires à la liberté, incapables de la rendre durable; le prince cherchera à la restreindre, le peuple à l'étendre, aucune limite ici n'est possible et dans les deux cas la liberté doit périr.

Qu'est devenue cette liberté dans les républiques, qu'est-elle devenue dans les monarchies décomposées? De quelle liberté la France république a t'elle joui, que fut à Rome la liberté sous l'empire? Le peuple français fut l'esclave de quelques hommes, le peuple romain le jouet d'un sénat avili. Tous ces grands corps qui doivent balancer le pouvoir, dépendant de lui, en sont bientôt dominés. On les console par des honneurs de n'être rien et on les fait voyager quand ils s'oublient: le hasard qui sert merveilleusement le pouvoir, fait ensuite qu'après eux le choix du prince tombe toujours sur des hommes qui ne le gênent pas.

Chapitre IV.

Observons toutefois que dans l'état libre, la tendance populaire est mille fois plus à craindre que la tendance de la royauté. Conserver est le but du prince, et son bonheur, le bonheur de sa famille sont inséparables de celui de la nation; le prince ne jouit que de la satisfaction générale; les calamités publiques sont pour lui des chagrins domestiques; les lois qu'il donne, il ne peut les donner que dans l'intérêt de la communauté, il peut errer, mais il ne saurait pas faire le mal pour le mal; mais le peuple ne voyant dans l'organisation sociale que lui, haïssant tout ce qui n'est pas lui, ennemi né des séparations qui l'arrêtent et des pouvoirs intermédiaires qu'il trouve sur son chemin, le peuple veut détruire pour niveler et toujours demeurer le plus fort; sa tendance n'est pas la conservation, il aurait beau la vouloir, sa propre force entrainerait sa vertu. Le peuple n'est pas un élément de stabilité.

Qui dans la monarchie constitutionnelle sera donc le vrai garant d'une sage liberté, et lequel des trois pouvoirs sera le seul vraiment intéressé à soutenir la constitution? Ce sera le corps aristocratique. La noblesse est le soutien naturel du trône sans lequel elle n'existerait pas, le pouvoir qui renverserait le trône pour aplanir la société, ne pouvant laisser subsister aucune chose inégale, l'aristocratie bientôt serait victime de ce pouvoir et suivrait de près la royauté.

Il n'y a point de royauté sans noblesse, tout comme il n'y a point de noblesse sans royauté: mais aussi sans noblesse il n'y a pas de véritable liberté politique, la noblesse étant le soutien naturel du peuple dont elle partagerait le sort si le trône se portait contre lui à des violences. Tout cela est historique. Quand la noblesse a perdu de vue ses premiers devoirs, quand elle a négligé d'appuier le prince, quand elle a foulé le peuple, elle a du bientôt s'en repentir. Nos annales sont pleines de ces erreurs et en examinant avec soin nos révolutions, on voit quelles ont été produites par cela même que les divers corps de l'état ont rarement compris leur position: mais des cas particuliers ne détruisent pas la règle: l'aristocratie intéressée pour sa propre existence au maintien d'une juste balance des droits du souverain et des franchises publiques, n'en reste pas moins dans le principe un élément essentiellement conservateur. Son caractère est la modération; elle est dans l'état libre le seul corps intéressé à ne rien faire à la liberté, à n'y pas toucher, mais à la perpétuer dans son état et à la défendre contre toute entreprise dangereuse. C'est en Angleterre, c'est dans cette terre classique de la liberté que la noblesse a de tout tems déployé ce beau caractère; elle y a fait la liberté, elle la protège et la conserve encore aujourd'hui, tandis que dans nos monarchies faute de noblesse, le peuple a été longtems soumis au pouvoir absolu, et qu'aux tems où nous sommes, la royauté par la même cause lutte avec désavantage contre le pouvoir populaire.

Les Anglais que tout a si singulièrement favorisés dans leur ordre politique, ont encore été placés dans des circonstances particulières qui leur ont permis de rejeter le droit romain et de conserver l'ancienne coutume fondée par la conquête. Il en est résulté pour eux l'avantage d'un mode de succession qui conservant la propriété dans les familles, maintenant la noblesse, a prévenu la décomposition sociale et toutes ses fâcheuses conséquences.

Ceci demande un mot d'explication, le rejet de la loi romaine ayant été par ses résultats le plus ferme soutien de la constitution britannique.

Lorsque Guillaume conquit l'Angleterre, il trouva la loi saxonne conforme à la loi romaine, quant à la succession des biens; la primogéniture était entièrement inconnue aux peuples du Nord, les successions se règlaient à parts égales entre tous les enfans; toutes les monarchies d'Europe formées des débris de l'empire se gouvernèrent par ce mode jusqu'à l'établissement du régime féodal pendant lequel la loi romaine se perdit dans l'ignorance et la barbarie des tems. Alors les grands usurpant leurs propriétés, voulurent perpétuer leurs titres dans leur maison, et les fiefs échurent en partage à l'aîné des enfans à l'exclusion de ses frères et soeurs. Guillaume abolit l'ancienne loi saxonne, imposant de force la loi féodale à sa conquête; le mode de succession fut assis en Angleterre sur cette loi qui était en vigueur alors en France et dans toutes les monarchies livrées à la violence des grands; le corps des grands tenanciers qui lui devait toute sa puissance, se garda bien d'y faire des changemens, et c'était un principe reçu dans le gouvernement que toutes les terres du royaume relevaient de la couronne et ne pouvaient être ni aliénées ni morcelées. Lors que vers le milieu du 12me siècle les pandectes furent retrouvées à Amalfi, des religieux les portèrent en Angleterre cent vingt ans après la conquête, alors que le gouvernement féodal avait atteint son plus haut point de consistance et que les barons s'occupaient avec ardeur à contenir l'autorité souveraine et à favoriser les progrès du troisième ordre. Le clergé, seul corps lettré qui existât dans ce siècle d'ignorance et qui de tout tems a aimé le pouvoir, s'empara des lois nouvelles et en les expliquant, prétendit se rendre nécessaire. Mais la fédération des grands, attentive, ombrageuse, ne fut pas longtems sans voir ce qu'elle devait attendre des menées du clergé et de l'adoption d'un code qui prescrit que la volonté du prince a force de loi*). Rien n'était plus con-

---

*) *Quicquid principi placuerit legis habet vigorem.* §. 1. L. 1.

traire à l'esprit du gouvernement féodal; c'était passer à la monarchie absolue ou à la théocratie. Aussi les barons ne virent ils dans les lois romaines qu'un piège à leur puissance. Trop forts et trop unis pour les adopter sans examen, comme elles le furent dans presque toute l'Europe, ils les rejetèrent à l'unanimité comme devant étouffer tous les germes de la vraie liberté, et dans leurs traités avec le souverain ils obtinrent non sans peine, que l'ancienne coutume normande serait conservée à la place du code romain jugé incompatible avec la nature du gouvernement. Leur jalousie à cet égard alla même jusqu'à défendre l'étude du code civil dans les collèges*) qui se donnèrent inutilement beaucoup de soins pour le faire recevoir. Ainsi lorsque toute l'Europe occidentale qui manquait de bonnes lois au sortir de la barbarie féodale, se jugea trop heureuse d'adopter les institutions si complètes de Justinien**) et établit l'ordre de

---

T. 4. Litt. 1. du digeste; principe adopté dans toutes les monarchies d'Europe, qui veut le roi, si veut la loi.

*) Il a été reçu depuis dans les cours écclésiastiques et dans les tribunaux de l'amirauté, mais avec de grandes modifications et à titre de *lex sub lege graviori*.

**) Quoique le droit coutumier que gardèrent plusieurs pays tout en adoptant la loi romaine soit regardé comme contenant une espèce d'opposition avec cette loi, de sorte que ces deux droits ont longtems divisé les territoires, il n'en est pas moins vrai que plusieurs dispositions du droit romain entrèrent dans les coutumes et l'on peut dire que l'établissement de ce droit fut en cela général dans ses points principaux. Ainsi la France

succession qui divise les biens en autant de parts qu'il y a d'enfans dans la famille, l'Angleterre déjà libre conserva sa vieille coutume qui donne la propriété immeuble ou du moins le fief principal à l'aîné, et garantit le droit de primogéniture sans lequel il n'y a point de noblesse. Quelques modifications que le système féodal subit en Angleterre par suite du tems, des moeurs et des événemens, sa puissance fut si grande et les racines qu'il avait jetées furent si profondes, que toutes les tentatives des souverains pour rompre l'union des grands, échouèrent contre cette disposition toujours sagement maintenue de l'ancienne loi normande. Dans nos monarchies où la féodalité mal organisée ne sut pas prendre dans elle même ses moyens de résistance, l'introduction du code romain fut une chose facile et sa conséquence une augmentation énorme de puissance pour la couronne; car lorsque le droit d'aînesse sur lequel reposait tout l'an-

---

avait ses provinces de coutume et de droit écrit, mais déjà les établissemens de St. Louis étaient fondés sur la loi romaine, et l'esprit de cette loi remplissait les coutumes provinciales. Dans nos monarchies les rois voulant dégoûter les peuples de l'ancienne jurisprudence, commencèrent par faire traduire le code civil et par en recommander l'étude. Des chaires publiques de droit romain avaient été ouvertes à Bologne, on s'y rendait en foule pour l'étudier, et le clergé qui trouvait son compte à la puissance absolue du prince, dont-il espérait avoir meilleur marché que de la puissance des grands, fit l'impossible pour détruire l'ancienne loi, et pour introduire la loi nouvelle.

cien échafaudage des fiefs, eut fait place au nouveau mode de succession malgré l'empire des vieilles coutumes, le pouvoir déjà fort relâché des grands faiblit insensiblement et celui des rois s'accrût d'autant. Ce fut l'exemple du faisceau qui résiste à la violence tant qu'il est uni, et qui se brise séparément quand on le déjoint. Les lois romaines dans lesquelles tout tendait au despotisme, furent d'abord la perte du gouvernement féodal*), et plus tard par un enchainement de conséquences nécessaires, celle du corps aristocratique auquel ces lois enlevèrent peu à peu avec le sol de l'état et la substance féodale qui l'avait constitué, la richesse, la puissance, l'indépendance et la considération. Une fois admis, le principe consacré par le tems, sanctionné par toutes les idées, et par tous les rapports de la vie publique et privée, a paru le plus conforme à la raison, à l'intérêt de l'humanité, à l'esprit de la religion chrétienne et à l'essence d'une bonne jurisprudence civile qui donnant un droit égal à tous, assurant la paix et le bonheur des familles, semble devoir assurer le bonheur de l'état. Il a été impossible de reproduire l'ancien droit, on n'a pas même cru devoir le tenter. Ce que l'on a voulu en sauver par l'institution des majorats et des fidéicommis, a lentement péri avec le reste et n'a pu empêcher le

---

*) *Voyez* chapitre V.

nivellement. Insensiblement appauvrie par la vente et le morcellement des terres, notre noblesse n'est plus aujourd'hui qu'une fiction sans crédit que le troisième ordre combat sans relâche et dont il voudrait effacer jusqu'au souvenir. La propriété foncière est entre les mains de tout le monde: son extrême division réalisant la loi agraire, donnant un surcroît excessif de population et des populations pauvres, va devenir un des plus grands embarras pour les gouvernemens qui voulant se constituer et cherchant à asseoir la représentation sur le territoire, ne trouveront ni noblesse, ni grande propriété, ni véritables contrepoids.

En Angleterre où le gouvernement féodal est resté intact, où le droit de primogéniture a déterminé les rapports politiques et particuliers et fixé d'une manière invariable à travers tant de siècles et de secousses intérieures tous les liens de la vie sociale, le sol de l'état concentré dans les familles, a laissé à la noblesse la richesse et l'indépendance qui donnent aux grands le respect des peuples. La féodalité anglaise adoucissant ses moeurs et se conformant aux tems, est demeurée la même dans son essence et dans son esprit. Conservant à la faveur de l'ancienne loi la propriété sur laquelle elle fut fondée, n'en permettant ni l'aliénation ni le morcellement*),

---

*) Nul ne pourra donner ou vendre une partie de sa terre au préjudice de son seigneur, c'est à dire à moins qu'il ne lui

rattachant tout son intérêt et jusqu'à son amour propre à la qualité de propriétaire, elle est encore aujourd'hui ce qu'elle était aux tems les plus reculés, le corps le plus puissant, le plus considéré de l'état, la source première de la législation et le plus ferme appui du trône et des libertés publiques. La jurisdiction et le patronnage qu'elle exerce sur la représentation nationale par suite de son organisation particulière, sont tels que cette représentation lui est remise presque en totalité et que nul autre pouvoir n'est assez fort pour obtenir les mêmes avantages. Sur deux cent bourgs qui envoient des représentans à la chambre basse, on n'en compte que trente quatre indépendans. Quatre vingt pairs siégeant dans la chambre des lords nomment seuls, soit par leur influence, soit en qualité de seigneurs propriétaires de la plupart de ces bourgs, trois cent représentans*). Cent quatre vingt sept autres sont nommés par les maires et les membres du conseil général des communes. Ainsi sur six cent cinquante huit membres qui composent la chambre basse, quatre cent quatre vingt sept sont nommés par deux cent et cinq constituans qui choisissent tou-

---

reste assez pour rendre le service à son seigneur. Art. 46 de la grande Charte.

*) Le comte de Mount Edgecumbe nomme 6 représentans. Lord Fitzwilliam 6. Les ducs de Devonshire et de Bedford, chacun 12. Le duc de Newcastle 15. Le duc de Rutland 9. Le comte de Chichestre 15. Lord Jarborough 14. Le duc de Norfolk 10. Le comte de Londsdale 10 et ainsi du reste.

jours bien et ne donnent rien aux passions, ni au hasard. La représentation anglaise formée dans une proportion suffisante par la noblesse, toujours surveillée de près par ce grand corps conservateur et de plus fondée sur le sol, est à proprement parler une représentation toute aristocratique: elle est à couvert des entreprises populaires et des violences de la couronne, et partant de la source la plus pure, ne peut jamais se corrompre. On l'a dit avec raison: l'agriculture a fondé la patrie; elle donne au caractère de l'homme quelque chose du calme, de l'ordre, de la réflexion qu'exige la durée de ses travaux; elle est amie de la terre natale, elle craint toutes les réactions qui pourraient l'en arracher. Cette représentation toute foncière n'a aucun motif de partialité et tous les motifs de l'impartialité la plus austère. Les théories, les sophismes, la manie des innovations lui sont inconnus, elle est stable et fixe comme le sol sur lequel elle repose et comme elle est dans les mains d'une classe proportionnément très petite, elle obtient par là une force de concentration qui lui permet de remplir toutes les conditions de la meilleure représentation possible. Le principe de l'aristocratie et la grande propriété sont les bases du gouvernement anglais.

Il résulte pour la liberté de cette puissance de la noblesse anglaise, et ceci mérite réflexion, que le peuple n'obtenant qu'une minorité dans la représentation nationale, est toujours dirigé sans pouvoir se diriger lui-même. Le grand nombre qui bouleverserait tout, suit l'impulsion du plus petit qui conserve tout. De cette manière les lois sont faites pour lui mais non par lui; le sanctuaire des lois lui est fermé, il est en dehors, ses efforts finissent où la loi commence: il a beau vouloir frapper, tous ses coups portent à faux, il frappe dans le vuide, et quand il a fait beaucoup de bruit comme pour avertir qu'il est là, il s'en retourne tranquillement jouir en paix d'une liberté parfaite dont il est lui-même forcé d'admirer la belle construction.

En un mot le peuple anglais est le plus libre de la terre, mais le précieux dépôt de la liberté n'est pas remis dans ses mains. Il a la liberté, mais il n'a pas le pouvoir, et il semble que l'on confonde trop aujourd'hui ces deux choses fort différentes, la liberté du peuple et le pouvoir du peuple. „Si l'on me demandait," disait Machiavel*), „à qui il faut confier la liberté, je répondrais, le pouvoir populaire à Rome ne la conserva pas aussi longtems que le pouvoir aristocratique à Sparte, et de nos jours le même pouvoir à Venise." La noblesse anglaise qui a donné la liberté au peuple en transigeant toujours en sa faveur avec la couronne, la conserve encore aujourd'hui pour le peuple et dans le

---

*) Discours sur Tite Live.

seul intérêt du peuple. Tout en Angleterre est historique et remonte à l'origine du gouvernement et à sa législation primitive. Fondée sur le droit féodal et sur des circonstances qui lui furent propres, la constitution de ce pays ne saurait être établie pour le fond dans d'autres monarchies où la jurisprudence romaine bonne sous mille rapports de la vie publique et privée, a cependant entièrement défiguré le corps politique en détruisant les contrepoids. Toute constitution représentative sans un corps de noblesse est une forme vicieuse : toute noblesse sans primogéniture une fiction sans valeur pour la liberté, et la prétention d'adapter le gouvernement anglais à nos élémens sociaux dans leur décomposition actuelle, ne peut partir que de l'ignorance la plus complète de l'histoire de ce gouvernement et de la loi commune des forces et des contreforces dans l'état.

Nous osons demander quelque attention pour ce qui suit.

Toute l'organisation sociale repose sur le jeu des passions, c'est à dire sur des causes inaltérables et générales. Cette considération au fond la plus essentielle a été ce nous semble, trop perdue de vue par ceux qui ont écrit en dernier lieu sur le gouvernement. On est trop porté à voir les choses au travers du prisme de l'imagination et à les juger non comme elles sont, mais comme on voudrait qu'elles fussent.

De là résultent beaucoup de faux calculs et des erreurs dangereuses sur des choses importantes qui demanderaient plus de réflexion. Dans un état libre, c'est à dire sans cesse agité, les passions humaines sont plus fortes à raison des droits de chacun. La liberté étant le plus précieux des biens et paraissant à l'homme une condition irrémissible de son existence dans l'état social, il n'est rien qu'il ne fasse pour l'acquérir et la conserver, et comme il est de sa nature de toujours franchir ses limites et d'augmenter ses désirs avec ses jouissances, il résulte que dans le gouvernement libre toute représentation nationale abandonnée à elle même finit toujours par se corrompre et par perdre la liberté.

Pour comprendre comment cela est possible malgré quelques dispositions législatives bonnes en elles mêmes, et en même tems pour sentir tout le prix du principe aristocratique dans la composition de la représentation, il faut réfléchir à deux choses, à l'essence et à la tendance du peuple, et à ce qui se passera toujours dans les assemblées délibérantes.

Nous l'avons déjà remarqué, le peuple par sa nature dès qu'on lui accorde la liberté politique, eut-il même joui de tous les avantages de la liberté civile, ne comprendra jamais que la liberté extrême, car ne voyant dans cette liberté que des droits dont il s'exagère l'étendue et ne voyant pas la nécessité de les borner à ce qu'ils doivent être au plus juste pour le maintien de la chose publique sur laquelle il se fera une illusion complète, il ne saisira jamais que ce qui le favorise et se trompera toujours sur la portion de liberté dont il doit faire le sacrifice pour demeurer libre. L'égalité parfaite, le nivellement, l'anéantissement de toutes les différences sociales, de tous les pouvoirs intermédiaires étant ses lois, la royauté qui suppose des différences et qui en est une fort grande elle même, sera peu de son goût; il visera naturellement par une suite nécessaire du caractère qui le constitue, sans même se l'avouer, à la république qui mettant tout de niveau, lui promet la plus grande satisfaction et la jouissance entière de ses droits, tels qu'il les veut, tels qu'il les comprend, tels que sa prérogative les lui fait envisager. Le prince aura beau se dépouiller et ne mettre aucune borne à ses concessions, le peuple agissant comme peuple, croira toujours ne pas obtenir assez et être lésé dans des droits qu'il ne saurait au juste se définir. Pour peu qu'il parvienne à porter son esprit dans la législation dont il est devenu une branche essentielle, il agira dans le sens républicain de l'égalité, dans le sens démocratique du nivellement, dans celui d'envahissement subversif de toute bonne politie, et bientôt sa liberté prétendue remise toute entière dans ses mains, dégénerera en affreuse licence. Liberté et égalité*) sont une contradiction manifeste dans toute monarchie constitutionnelle où la liberté pour appartenir à tous n'en doit être que plus restreinte. On ne fait pas de la liberté avec rien; la liberté se compose de beaucoup d'ingrédiens et de choses inégales, elle a besoin pour durer d'être contenue dans toutes ses parties, elle ne vit que de résistances et de contrepoids. L'égalité qui ne peut rien contenir, donne à la liberté en supprimant les résistances, ce caractère d'absolue qui est la cause nécessaire de sa fin. Lorsque dans l'état tous les rapports confondus n'offrent plus qu'une seule masse homogène, les inégalités et les différences qui sont les barrières de la liberté et les liens qui l'enchainent, ayant disparu, aucune limite n'est possible, la liberté s'échappe et se perd par sa grandeur même, semblable au fluide qui s'évapore en se dilatant.

L'histoire nous donne ici de mémorables leçons, et il faudrait toujours consulter l'histoire.

À Rome, Servius Tullius augmente le pouvoir du peuple, bientôt la monarchie est renversée.

---

*) Il n'est pas nécessaire de dire qu'il s'agit ici de l'égalité des rangs et non de l'égalité devant la loi; celle-ci est inséparable de la liberté, et même en est la première condition mais ceux qui croient obtenir l'égalité devant la loi par l'égalité des rangs en nivelant les rapports, font fausse route et s'éloignent de leur but, à ne jamais l'atteindre.

En Angleterre Henri VII pour abaisser les nobles, élève outre mesure les communes, la royauté succombe sous Charles I.

En France, après les guerres civiles Richelieu et Mazarin détruisent ce qui restait de la noblesse; cent ans plus tard, la liberté du peuple fait une horrible révolution.

Partout où le pouvoir populaire a pu s'emparer du dépôt de la liberté, le despotisme s'est établi, et cette conséquence qui tient à des causes générales, se reproduira dans tous les tems, dans tous les lieux.

Il suit de là que toute représentation nationale soumise à l'action prépondérante d'une majorité populaire qui parviendrait à corrompre la législation dans le sens qui lui est propre, ce qu'aucun pouvoir humain n'empêchera jamais, dépassera constamment son but en nuisant au principe monarchique pour favoriser le républicain. La liberté cesse dès que le pouvoir législatif est plus corrompu que l'exécutif. Il faut toujours se dire que cela est dans l'ordre naturel des choses, que les individus n'y sont absolument pour rien, et qu'il est de toute impossibilité que cela soit autrement. Ce serait folie de compter toujours sur la vertu des hommes, sur la chance que leur conduite demeurera à l'abri du reproche, nous serons fort à plaindre quand nous n'aurons que cette garantie pour la durée de nos lois. La pente qui entraine le peuple comme malgré lui, tient à sa nature populaire, s'il agissait autrement il ne serait plus peuple, il serait autre chose; changeant de tendance, il changerait de principe, ce qui ne dépend pas de lui et le ferait cesser d'être si le peuple pouvait périr; mais le peuple est impérissable, sa tendance est éternelle comme lui, et quoiqu'il fasse pour se contenir, sa nature le pousse à franchir toutes ses limites. Le peuple en un mot, ne peut ni s'arrêter à propos ni tenir la route moyenne qui fait éviter les extrêmes, et il résulte de cette seule vérité que dans toute forme politique qui lui donne une part au pouvoir, la tendance du peuple, si elle n'est contenue par des choses plus fortes que lui, est la mort du gouvernement. On a dit que l'honneur constitue le principe monarchique, la modération l'aristocratique; on doit ajouter que le principe de la démocratie est l'égalité parfaite, et que dans toutes les formes connues le pouvoir populaire vise au nivellement et à cet aplanissement des rapports qui lui assure la supériorité. Cette tendance subversive des institutions politiques s'est manifestée dans tous les états libres au point de compromettre la liberté; elle s'annonce aujourd'hui dans toutes les monarchies absolues que le tems a décomposées et elle prépare leur ruine. Réduit enfin au désespoir par les attaques sans cesse renouvelées d'un pouvoir ennemi, que restera-t'il au souverain dans l'intérêt même de l'état, que de résister ouvertement et mettre fin de manière ou d'autre à un état de choses insupportable plus longtems. Alors l'excès de la liberté aura ramené la servitude, et la liberté aura péri au milieu des plus beaux discours et de tant de pensées sublimes sur la liberté.

Principe fondamental ; la vraie liberté ne peut exister que dans la monarchie, et la démocratie est incapable de faire des lois monarchiques.

Que deviendrait aujourd'hui un grand et beau pays qui s'est constitué, et dans lequel la pairie ne peut exercer aucune influence sur la représentation, si jamais le gouvernement négligeait de s'emparer des élections au moyen d'une administration vigoureuse qui lui donne une force immense? Ce pays qui a essayé de tout, repasserait par toute la série des législations qui l'ont si longtems tourmenté. En France le dépôt de la liberté appartient à la couronne, et il est bien évident qu'à défaut d'un corps de noblesse, elle est dans les meilleures mains possibles, et que tout le secret du gouvernement consiste à ne pas s'en désaisir pour gagner le tems.

Quant aux dangers des assemblées délibérantes, ils ont été les mêmes dans tous les tems, dans tous les lieux, car comme les hommes ont toujours eu les mêmes passions, les occasions qui produisent les événemens sont différentes, mais les causes sont invariables.

Dans les gouvernemens de l'antiquité le peuple votait en masse, et rien n'était plus défectueux. Une multitude ignorante, inquiète, agitée, menaçait sans cesse de tout bouleverser; un caprice la déterminait, un caprice la faisait changer au gré d'un orateur populaire et de quelques meneurs habiles. Les gouvernemens modernes ont cru rémédier à cet inconvénient en instituant des assemblées par représentans, et nul doute qu'en théorie ce mode ne soit infiniment préférable et même ne soit le seul qui puisse et doive être admis: mais il renferme en pratique des dangers auxquels il semble qu'on ne réfléchisse pas assez.

Les représentans que nomme le peuple et en faveur desquels il se dépouille de l'exercice immédiat de ses droits, exercice qui lui est cher et dont la privation lui est si sensible qu'il ne s'en croit dédommagé qu'autant que ses mandataires en feront un bon usage, se trouvent revêtus de toute la somme de pouvoir que le peuple se reconnaît à lui même. Ils n'agissent plus individuellement, ils agissent pour tous leurs commettans; leur opinion n'est plus seulement la leur, c'est l'expression de la volonté générale. Ils acquièrent par conséquent un pouvoir énorme, d'autant plus redoutable, qu'étant plus concentré dans un petit nombre d'hommes, il sera plus intense et plus actif. Une assemblée populaire en masse pouvait être battue en détail;

plus elle était nombreuse, plus elle donnait prise sur elle, et plus elle était accessible à tous les moyens de séduction qu'employait l'autorité pour obtenir des voix. Mais l'assemblée des représentans gagne en force ce quelle perd en nombre : plus elle est restreinte, plus elle a de chances d'union ; là échoueront toutes les tentatives de l'autorité ; ce n'est plus à une multitude disséminée, capricieuse et légère qu'elle a à faire, c'est à un corps éclairé, vigilant, hardi et persévérant, qui frappe sans relâche dans la même direction, qui profite du moindre avantage, et que ses défaites s'il en essuye, ne font que rendre plus audacieux en y réunissant aussitôt spontanément toutes les divergences d'opinion, qui auraient pu diviser ses membres.

Il y a plus : dans les anciennes assemblées du peuple, où l'on recueillait simplement des voix, chaque votant arrivait à la place publique dans des dispositions assez indifférentes, et sachant d'avance qu'on ne lui demanderait pas de discussion, mais un simple oui ou un simple non, s'inquiétait au fond assez peu de ce qui en arriverait, content d'avoir fait acte de présence et exercé un droit dans lequel il faisait consister fort mal à propos sa liberté. Aucune responsabilité ne dictait les votes, les votans même n'étaient pas connus et se perdaient dans la foule. La chose est bien différente dans les assemblées de représentans. Les représentans du peuple sont sous les yeux du peuple qui leur a remis ses droits; ils sont à la vue d'une majorité toujours tremblante pour ses franchises, toujours prête à demander compte à ses mandataires de l'emploi de leurs pouvoirs. Leurs noms, leurs opinions, tout jusqu'à leur pensée la plus secrète est connu, ils ne peuvent rien cacher, rien soustraire aux regards de la multitude. Ils se chargent donc d'une responsabilité proportionnée à l'étendue de leur mandat; s'ils sont fidèles à leurs commettans, les droits du peuple seront assurés; infidèles, ces droits seront perdus; c'est donc à eux qu'il faudrait s'en prendre, c'est sur eux que retomberait toute l'animadversion publique. Or il a été facile de voir dans toutes les assemblées délibérantes que les représentans du peuple s'exagéraient et leurs pouvoirs et leur responsabilité. La crainte d'être accusés d'indifférence et de ne pas faire assez, leur faisait faire beaucoup trop, et voulant être unis d'intérêt avec le peuple, ils ne s'apercevaient pas qu'ils nuisaient au peuple qu'ils croyaient servir, en perdant insensiblement tous ses droits pour avoir voulu en outrer la mesure. Lorsqu'en France à une mémorable époque les députés du tiers se proclamèrent seule réunion légitime et se constituèrent en assemblée nationale, ils outrepassèrent leur mandat et se rendirent coupable de l'acte le plus illégal. Jamais la nation n'avait pu vouloir confier à ses représentans un pouvoir si étendu; elle voulait une sage réforme, ses mandataires lui donnèrent une révolution. Pour qu'une assemblée délibérante restât dans les bornes que ses devoirs lui prescrivent, il faudrait que tous ses membres eussent fait de la liberté une étude profonde, ne voulussent que la liberté, ne considérassent qu'elle, et laissassent de côté toutes les illusions particulières pour ne voir que le seul intérêt général, condition presque au dessus de la faiblesse humaine. La question de la liberté est d'une grande profondeur, et les esprits profonds ne sont pas communs; peut-être n'acquiert on la connaissance de la liberté qu'au prix des révolutions et d'une longue servitude; il n'y a guère que l'expérience des institutions politiques qui puisse apprendre ce qui les détruit et ce qui les soutient, ce qui est bon, ce qui est mauvais et les limites même du bien dans un ordre de choses où nos désirs doivent constamment céder à des considérations d'un intérêt public, sans lesquelles tous les intérêts privés deviennent la proie des passions humaines.

Mais ce n'est pas tout encore, un autre danger existe, le plus grand de tous que les pages sanglantes de plus d'une histoire nous attestent, et qui tient à des causes si générales qu'il semble que rien ne soit capable d'en garantir. Il est impossible que le peuple livré à lui même dans le choix de ses représentans, fasse de bons choix. Ses suffrages n'iront pas trouver le tranquille propriétaire, le cultivateur laborieux, l'homme simple content d'une sage liberté et ne cherchant pas à acquérir une popularité dangereuse; il choisira toujours de préférence l'homme qui aimera le plus à faire parler de lui, l'homme revêtu de qualités brillantes plus que solides, l'orateur passionné, l'écrivain séduisant, l'antagoniste reconnu de l'autorité, l'ami du peuple enfin, tels que nous les avons vus qui s'arrogèrent un pouvoir immense pour établir sur les ruines de la monarchie, le règne de la démocratie à laquelle ils se glorifiaient d'appartenir. Un banquier aigri de n'avoir de considération qu'à la bourse, et voulant à tout prix en obtenir dans le gouvernement: un avocat éloquent brûlant de se faire entendre à la tribune de l'éloquence où il parlera d'abord contre le pouvoir parce que cette matière est à l'ordre du jour; un savant tout pétri de théories et d'idées abstraites, vivant dans un monde imaginaire et croyant que le pouvoir doit appartenir à qui sait le grec et le latin; un rentier auquel tout est égal pourvu qu'il conserve sa rente; un négociant qui trafiquera de son vote et le vendra comme sa marchandise au plus offrant; des hommes enfin tous pris dans cette classe mobile et flottante de la société qui ne tient à rien, que les passions seules conduisent, que l'impulsion du moment décide, et que le peuple envisage comme la sienne, voilà cette représentation libre du peuple dès quelle est dans ses mains. Une représentation d'avocats, de savans; des savans qui représentent une nation, qui votent l'impôt, qui n'ont pas le plus léger intérêt à la matière imposable! Alors ce n'est plus du bien public qu'il s'agit, tout devient passion, intérêt privé, amour propre: l'amour de la liberté n'est plus que la haine des personnes; du haut d'une tribune qu'on se dispute, retentissent les déclamations les plus virulentes, les accusations les plus injustes et les plus odieuses. Le peuple toujours mauvais juge dans des questions qu'il ne peut saisir, applaudit à ces coupables mandataires; il les protège, les soutient, les élève jusqu'aux nues; égaré, séduit, trompé par eux, il s'échauffe et se porte aux plus coupables excès. Le prince aura beau faire usage de sa prérogative, dissoudre l'assemblée, en convoquer une autre; quand les choses sont à ce point, et rien n'empêchera qu'elles n'y viennent, il se retrouvera toujours en tête les mêmes hommes, plus il cèdera, plus on lui arrachera. La négative que les chambres ont l'une sur l'autre et les dispositions réglémentaires qu'elles se font à elles mêmes, ne sont plus alors que de faibles entraves que l'audace des communes sait briser. Telle fut la représentation anglaise du long parlement pendant lequel toutes ces dispositions existaient, mais n'ont rien empêché. Les communes ayant tout envahi, la chambre basse toute républicaine reçut les remontrances des lords avec un mépris accablant; elle déclara qu'elle se passerait de leur adhésion, que le peuple ne voulait plus ni noblesse ni pairie, et le jour même où la chambre haute réduite à seize membres, le reste avait fui ou se tenait caché, protesta contre tout ce qui se ferait sans elle, la république fut proclamée.

Les déclamateurs modernes qui ne sont pas toujours versés dans l'histoire, ne voient dans cette révolution d'Angleterre que les fautes du prince et les abus de la souveraineté; mais elle a eu une cause bien profonde et qui remonte à des temps fort antérieurs. Lorsque Henri VII succédant à Richard III après trente ans de guerres civiles, voulut diminuer l'énorme puissance des grands, il permit à la haute noblesse et aux petits gentilshommes d'aliéner les terres en cassant les anciennes substitutions, ce qui joint au progrès du luxe bouleversa les fortunes. La noblesse commença à décliner, les communes acquirent un accroissement de pouvoir et d'influence qui tripla à la suite du schisme. Les abbayes disparaissant, les communes s'en emparèrent, et les biens fonds des corporations religieuses vendus à vil prix, passèrent en totalité dans les mains de la petite noblesse et du troisième ordre. Les idées républicaines que fit naître sous les règnes suivans la liberté de conscience, jointes au fanatisme des puritains prêchant l'égalité, achevèrent la désorganisation; le tiers devenu riche et puissant domina la représentation et restreignit la pairie dans une nullité absolue. Cette représentation abandonnée à elle même, sans guide, sans direction, fut bientôt corrompue; elle tomba dans la plus basse démocratie, et la liberté périt avec la monarchie. Il n'y eut point de liberté sous la république, le protectorat fut le vrai despotisme. La liberté ne reparut qu'au retour de Charles II, lorsque la noblesse reprit son premier ascendant et redoublant de vigilance, put de nouveau se constituer médiatrice entre les prérogatives du monarque et les droits du peuple. On vit alors ce que peuvent de grandes institutions lorsqu'elles sont fondées sur des choses réelles que ni le tems ni les lois n'ont pu dissoudre entièrement. La révolution se brisa contre le droit féodal : avec d'autres lois, les institutions auraient été détruites, et il ne resterait de la liberté que le souvenir. De ce moment l'équilibre se rétablit, il n'y eut plus rien de démocratique dans la constitution; la cause du mal en fit trouver le remède : rejeté dans ses limites, le peuple fut contenu, la nation n'a plus rien eu à craindre de ses emportemens; il eut la liberté dans toute son étendue, mais il n'eut plus le pouvoir qui perdit la liberté.

Nous ne pensons donc pas qu'à la place des

anciennes assemblées du peuple en masse, il
suffise des assemblées par représentans. Il faut
encore que la représentation populaire, c'est à
dire celle du grand nombre, puisse être surveillée et tempérée par un pouvoir modérateur,
de manière à ne pas permettre que dans la composition de l'assemblée la tendance du peuple
se satisfasse, et précipitant le mouvement de la
machine, en fausse les ressorts. Il est évident
que dans le gouvernement constitutionnel c'est
la chambre des communes qui est la branche la
plus importante du pouvoir législatif. Ce gouvernement n'est qu'une heureuse combinaison de
la royauté et de la république. La part de la
royauté gît à proprement parler dans le prince
et dans la noblesse; la part de la république
dans la chambre des représentans du peuple:
mais la république est numériquement mille fois
plus forte, car elle se forme de tout le corps
de la nation, tandis que la royauté et la noblesse ne sont qu'un corps comparativement très
petit, hors d'état de lutter contre le plus fort.
Dans ce gouvernement qui fait déjà une part
si large à la république, tout le secret consiste
à lui échapper. On n'y parviendra qu'en limitant extrêmement l'action toujours violente du
principe républicain par une influence salutaire
sur le choix et l'esprit de ceux qui sont censés
le représenter dans la législation, de manière
que les avantages de la république puissent avoir

lieu sous la royauté sans que la république proprement dite puisse s'établir. Cette influence peut seule fixer une sorte d'équilibre entre deux forces aussi disproportionnées. Quelle appartienne à la couronne comme en France, ou ce qui vaut mieux à la noblesse comme en Angleterre, toujours est elle indispensable. Là où elle n'existera pas, où la représentation sera sans guide, la combinaison de la royauté et de la république sera toute à l'avantage de celle-ci et les choses péricliteront. En un mot toute représentation nationale abandonnée à elle même finira toujours par se corrompre plus ou moins promptement dans le sens républicain qui est celui de la majorité populaire. Cela tient au jeu des forces et des contreforces dans l'état, cela tient de plus aux passions humaines et découle de causes générales et de conséquences nécessaires. Dès que vous accordez des droits au principe républicain, vous devez vous attendre à lutter contre lui et à courir journellement la chance de subir sa loi. C'est ce qui fait que la monarchie constitutionnelle, toujours livrée aux passions des hommes, est constamment sur le bord d'un abîme, et qu'un moment d'erreur ou d'oubli peut l'y précipiter. Les conditions prescrites par la loi pour être électeur et éligible, ne peuvent parer au danger parce que de grandes propriétés et des fortunes considérables ayant passé aux classes roturières, à la classe commerçante et industrielle, au tiers état, à l'élément démocratique enfin, ces conditions sont devenues faciles à remplir pour tout le monde, et qu'en général la fortune seule ne sauve ni des erreurs ni de l'esprit républicain. Tel homme riche et indépendant par lui même, n'en verra pas moins la monarchie de mauvais oeuil, et son indépendance même peut lui faire goûter une forme politique dans laquelle sa considération et son importance seront doublées. L'ambition est de tous les états, elle augmente avec les lumières, et c'est rarement l'ambition du bien c'est presque toujours l'amour désordonné de soi même. L'homme du peuple sait très bien que la monarchie l'arrête, et qu'avec la royauté son impatience ne sera jamais satisfaite. Une démocratie royale, une république fédérative dans laquelle le génie gouverne, et qui n'a pas de génie! auront toujours mille charmes pour l'homme de la démocratie, fût-il même riche et puissant. Pour haïr les changemens, il faut qu'on puisse se dire, qu'on y perdra: pour éviter les formes populaires, il ne faut pas être du peuple qui toujours croit y gagner. Dailleurs le taux que l'on met au droit d'élire et d'être élu, est d'une modicité extrême; il en coûte bien peu pour acquérir une part à la souveraineté, et l'on est législateur pour quelques cent écus.

L'Angleterre qui a pu faire de la liberté par une longue jouissance et par ses révolutions, une étude approfondie, a donc parfaitement disposé les choses, en limitant à un très petit nombre celui des électeurs, et en remettant la partie si importante des élections à des hommes qui par leur destination dans l'état, par la connaissance de leur position dans l'ordre politique, sont les hommes de la vraie liberté et les ennemis nés de toute servitude. Par là elle arrête tout court le mouvement de la république, et ne lui laisse d'action que ce qu'il en faut au plus juste à la liberté qui demande, il est vrai, un peu d'action républicaine, mais qui périt quand elle en reçoit trop. Pour les Anglais l'essentiel est d'être libres; ils voient que le dépôt des lois est dans les meilleures mains, et qu'il ne pourraient jamais acquérir d'avantage sans s'exposer à tout perdre. Aussi la majorité saine de la nation s'opposera-t-elle constamment à cette réforme parlementaire qui aurait pour résultat d'enlever à la noblesse la supériorité dont elle jouit dans la représentation, et de remettre le dépôt de la liberté dans des mains moins pures, moins propres à le bien conserver. L'Angleterre doit tous ses avantages à sa noblesse; il est permis de lui prédire qu'elle les compromettra du moment où elle voudra changer son mode d'élection pour y faire entrer une portion plus grande de démocratie *). Il n'est pas jusqu'à la repré-

---

*) Cette verité est généralement comprise en Angleterre, et si

sentation des bourgs pourris que nous voudrions voir conserver, parce que dépendant de quelques personnes, cette représentation sert à la concentration générale sans laquelle tous les liens se relâchent et se dissolvent. Dans un pays qui souffrira d'une division infinie de la propriété, dans lequel l'élément démocratique prévaudra et qui comptera quinze cent mille propriétaires et près de cent mille électeurs, dont dix mille pour la capitale centre du luxe et de tout le mouvement national, les tentatives du principe républicain se manifesteront dans toutes les occasions, et la représentation sera bien dangereuse ; elle peut échapper au gouvernement s'il s'oublie, et restant abandonnée à sa tendance, prendre cette direction vicieuse qui commence par embarrasser l'état, qui ensuite l'affaiblit et qui plus tard finit par produire des commotions violentes dont le résultat n'est jamais pour la liberté. Plus on augmente le nombre des électeurs, moins on obtient la faculté de surveiller la représentation ; à plus forte raison dans l'état où le pouvoir populaire sera le dominant, ajoutera-t-on à l'action de la république au détriment de la monarchie. La liberté anglaise remise à un corps de noblesse, c'est à dire au plus petit nombre,

---

dans la suite des tems les *Whigs* l'emportaient sur les *Tories*, et qu'il fut question de réformes, on peut être bien sûr que la prudence la plus consommée y présidera.

et à des hommes intéressés à la maintenir, nous semble la meilleure liberté; elle est également à couvert des atteintes de la royauté et des empiètemens du peuple, les deux choses que la liberté aura toujours le plus à craindre; elle est donc la plus fixe et la plus durable; elle a ce degré de stabilité qui est le but d'une bonne législation, elle résiste avec succès à l'inconstance et aux passions des hommes, aux causes qui modifient, changent et détruisent les meilleures lois.

Cette surveillance de la représentation soit par le prince, soit par la noblesse, ne sera pas du goût de tout le monde, parce que ceux qui demandent aujourd'hui le régime libre avec le plus d'instance, comptant sur leur vertu, se croient aussi les plus propres à assurer la liberté, et repoussent l'idée d'une influence extérieure dans laquelle ils voient la restriction d'un droit acquis qu'ils veulent exercer sans contrainte dans sa plus grande étendue. Mais nous ne pouvons nous empêcher de le dire: ce que nous entendons par liberté, telle que nous la souhaitons sincèrement à tous les peuples policés, nous semble encore bien mal compris. Nos réformateurs du jour parlant sans cesse du peuple, des droits du peuple, et par là nous les soupçonnons de s'entendre beaucoup eux mêmes, attaquent aujourd'hui le mode de la représentation anglaise comme oligarchique et antinational, assurent que les franchises publiques sont perdues, que le peuple anglais est esclave des grands, attendu qu'il n'a pas la faculté illimitée de choisir ses mandataires, et que la représentation est au fond illusoire parce qu'elle est entre les mains de la minorité. Les journaux, les brochures, les tribunes retentissent de ces déclamations.

Ceux qui tiennent ce langage n'ont pas l'idée de la vraie liberté, et sont encore peu dignes d'en jouir. Donner son suffrage aux élections ne constitue pas la liberté; c'est tout au plus exercer une part quelconque de puissance dans laquelle on est encore fort éloigné de voir sa volonté réussir. Il n'est pas impossible que le représentant élu ne trompe son commettant en faisant cause commune contre lui avec un mauvais gouvernement; il est possible encore que dans l'excès de son zèle, le représentant outrepasse ses pouvoirs, et croyant travailler au bien public, détruise toutes les prérogatives du peuple en cherchant à les trop étendre. Cela s'est vu fort souvent dans les états libres et n'a rien qui doive surprendre. Alors à quoi aura servi la liberté du suffrage, et peut on se dire libre, si après avoir élu librement un représentant, la loi qui fait la liberté ne s'exécute pas, ou s'exécute mal? C'est la liberté d'un moment qui cesse dès qu'on a voté et qui n'empêche pas le despotisme. Le peuple français jouissait du libre suffrage pendant sa révolution, de quelle liberté a-t-il joui? La Constituante et la Législative rendirent douze cent lois, la Convention nationale bien plus féconde, en fit onze mille. Combien de ces lois furent elles pour la liberté? Il n'y en eut pas une qui ne fut la vraie tyrannie. Ainsi lorsque dans son contrat social, Rousseau avance que le peuple anglais n'est libre que pendant les élections du parlement, qu'après avoir élu il est esclave, il n'est rien, le philosophe de Genève s'abuse étrangement sur la nature de la liberté. Se rassembler en tumulte pour donner sa voix à tel ou tel individu, se déchaîner pendant quelques heures contre le gouvernement, promener quelques ambitieux dans un char doré, faire retentir de son nom les théâtres de la capitale, écouter quelque mauvaise harangue prononcée du haut d'un tréteau au coin d'une rue, c'est tout au plus jouir, dans le désoeuvrement de quelques momens d'indépendance. Or la liberté est à l'indépendance comme le jour est à la nuit. Ces rassemblemens, ces suffrages de la populace sont un hochet pour la multitude et rien de plus; la législation n'y gagne rien, et assurément ce serait une loi bien singulière que celle qui se ferait ainsi au milieu du désordre. La vraie liberté dans la meilleure acception du mot, telle qu'elle éxiste en Angleterre dans toute la perfection que peuvent espérer des institutions humaines, n'est que l'exécution parfaite des lois qui sont pour tout le monde et devant lesquelles il n'y a ni exceptions ni préférences. L'exécution de la loi dans des limites positives que personne ne puisse outrepasser, voilà la liberté, toute la liberté. Or si les choses sont assez heureusement disposées pour qu'un grand corps conservateur de sa nature, intéressé pour sa propre existence au maintien des droits de la couronne et des franchises nationales, puisse s'emparer de la loi pour la faire exécuter dans un sens propre à satisfaire tous les partis, nous lui en confierons le dépôt sans hésiter, et loin d'attacher le moindre prix à cette vaine liberté du suffrage qui menace tous les droits, nous demanderons instamment qu'elle soit resserrée dans les bornes les plus étroites, afin que tranquilles sur le maintien de nos franchises, rassurés contre des influences pernicieuses, nous puissions être libres et jouir de notre liberté dans cette sécurité, dans ce calme qui en font toute la douceur. La liberté civile est de droit naturel, malheur aux peuples qui ne l'ont pas, mais la liberté politique, le plus précieux et le plus dangereux des biens, n'est pas indistinctement de la compétence de tout le monde.

Prévenons d'avance une objection : Nous avons dit que pour maintenir l'équilibre dans les rapports de la monarchie constitutionnelle, il était indispensable que ses pouvoirs fussent au nombre de trois. De ce que nous avons soutenu de la nécessité d'une influence aristocratique sur la composition d'une représentation, on pourrait vouloir conclure que l'aristocratie dominant la république, rendrait par le fait le pouvoir populaire entièrement nul, et qu'au lieu des trois pouvoirs demandés par la loi, la constitution anglaise n'en posséderait au fond que deux, le prince et les grands. Cette conclusion ne serait pas juste: l'influence de l'aristocratie ne va pas ni ne peut aller, jusqu'à annuller la représentation du peuple à ce degré qui mettrait en doute l'existence de ses franchises, si même l'intérêt bien entendu de l'aristocratie ne suffisait déjà pour rassurer le peuple à cet égard. Les représentans des communes choisis sous la surveillance des grands, n'en appartiennent pas davantage pour cela à la classe des grands. À l'exception de quelques lords cadets de famille, étroitement unis à la roture, ils sont pris dans l'élément démocratique, et ils agissent dans le principe et dans l'intérêt du corps non noble dont ils sont membres, ce qu'ils font en conscience et d'après leur conviction. Incapables de voter contre le peuple dans le cas où ses griefs seraient fondés, ils le sont également de voter pour lui s'ils ne l'étaient pas. Tout le pouvoir de la noblesse sur cette branche du corps législatif, consiste à faire élire des hommes dont les opinions soient connues, et dont la liberté n'ait rien à craindre. Guidée par le seul désir de maintenir la chose établie parce qu'elle est la plus parfaite possible et offre le plus de garanties, la chambre haute pourrait craindre avec raison, et l'histoire d'Angleterre lui donne à cet égard de grandes leçons, de voir siéger parmi les communes des hommes turbulens trop pleins du désir de faire parler d'eux, trop portés à perdre de vue l'intérêt général pour sacrifier mal à propos à des considérations particulières. Ayant à faire au plus grand nombre, et n'étant elle même qu'un corps proportionnément très petit, la noblesse cherche à rétablir l'équilibre en obtenant dans la représentation populaire assez de voix en sa faveur pour pouvoir lutter contre cette représentation à armes égales. Pour cet effet elle agit sur les électeurs, et tâche de faire élire des hommes tirés à la vérité de l'élément populaire, mais qui, tenant plus ou moins par leurs relations aux bons et sages principes de l'aristocratie, en suivant tacitement les bonnes impulsions. De cette manière la représentation du peuple, très efficace pour tout ce qui concerne les droits et les franchises de la nation, ne dégénère point en représentation servile d'un autre pouvoir. Cette représentation existe dans toute sa réalité; l'aristocratie seulement la tempère et la modifie: écartant tous les dangers provenant de la tendance éternelle du peuple, qui pourraient se glisser au sein de l'assemblée si l'on permettait à la masse du peuple d'y entrer indistinctement, l'aristocratie conservatrice des privilèges, s'empare de cette représentation dans le meilleur sens possible, la dirige vers son intérêt, lui montre de loin le but qu'elle doit atteindre, et force pour ainsi dire, le peuple à faire le bien que sans doute il ne ferait pas s'il restait abandonné à lui même. Telle est toute cette influence; elle est calculée non à l'avantage de la noblesse qui l'exerce, mais à celui de la représentation populaire même, qui sans elle serait moins pure et dégénererait rapidement.

Les choses étant ainsi distribuées en Angleterre, toutes les tendances ennemies se trouvant contenues, tout reposant sur des fondemens solides, le peuple ne pouvant pas corrompre la législation, il en résulte que toutes les conséquences nombreuses du régime libre peuvent lui appartenir sans crainte qu'il n'en abuse, et la couronne se dépouillera en sa faveur de beaucoup de prérogatives qui dans d'autres monarchies lui sont spécialement réservées. Ainsi les communes jouissent d'une grande partie du pouvoir judiciaire, et elles sont plus jalouses de ce droit que de celui qui les fait siéger au parlement *). L'excellente institution des juges de

---

*) En Angleterre la couronne ayant toujours eu peu à démêler avec la justice, c'est peut être à cette circonstance qu'il faut attribuer l'absence d'un code complet de lois tel que depuis

paix pris dans son sein *), donne au peuple la faculté de surveiller lui même l'exécution des lois, de faire la police et d'empêcher tous les abus de pouvoir que pourraient se permettre des agens publics. À la faveur de cette institution, il serait difficile, même si la liberté politique n'existait pas, que la liberté civile reçût des atteintes. Le Jury, le droit de pétition, le droit de former des assemblées pour discuter des intérêts généraux, les corporations municipales, la liberté de la presse, sont autant de prérogatives réelles que la constitution assure au peuple, et qu'il possède dans toute leur plénitude; mais la législation étant à couvert de l'influence de la démocratie, les communes ne font en usant de ces droits, qu'exécuter les bon-

---

le 15. siècle les plus petits états d'Europe en ont possédé. Dans nos monarchies les lois faites par le souverain ont été recueillies, rédigées sous ses yeux, et c'est assurement un avantage que nous avons sur l'Angleterre dont la jurisprudence est un dédale qui non seulement en rend l'étude fort difficile, mais prête encore beaucoup à l'interprétation. Ce n'est pas la partie brillante de ce gouvernement, qui de peur de changer quelque chose conserve encore dans sa jurisprudence des dispositions vraiment barbares, indignes d'un peuple civilisé. La loi criminelle n'établit aucune proportion dans les peines; le parricide et le voleur qui dérobe au delà de 40 schillings, sont condamnés au même châtiment.

*) Ils sont à la vérité nommés par la couronne, mais ne recevant point de salaire, ils en sont indépendans. Ce sont des charges d'honneur; il n'y a pas d'exemple d'un juge de paix qui se serait fait l'agent du gouvernement.

nes lois qu'un autre pouvoir a faites pour elles et dans l'intérêt national; elles jouissent des meilleures lois possibles sans les faire elles mêmes, et trouvent dans les nombreux privilèges qui en découlent, une juste compensation à n'être dans la représentation qu'une fraction très petite. Ces privilèges qui sont en effet pour le peuple anglais la vraie liberté, et qui le rassurent contre les chances d'une représentation que pourrait encore dominer le pouvoir, si jamais la noblesse s'oubliait un moment, exercent sur tous les rapports de sa vie publique et privée une influence décisive. Le régime libre qui fixe toutes les habitudes d'un peuple, qui produit tant de besoins, tant d'agitation, tant d'activité et répand une si grande somme de lumières, demande impérieusement qu'elles puissent être appliquées, et que les esprits trouvent dans la liberté même un moyen de se satisfaire sans cesse, de peur que l'opinion ne prenne une direction fausse ou se corrompe en languissant dans l'oisiveté. La part que le peuple anglais prend au pouvoir judiciaire, et le droit qu'il se reserve d'examiner les lois et de se plaindre s'il croit avoir des griefs, l'occupent constamment, le tiennent en haleine et contribuent sans aucun doute à l'éclairer et à propager dans la nation les bonnes lumières qui lui conseillent la modération et le respect pour la chose établie. Enfin le peuple s'interdit le sanctuaire des lois parce qu'il se défie de lui même et connait son histoire, et se voyant à l'abri des abus de pouvoir par tant de droits qui ne peuvent jamais lui être enlevés, il consent volontiers à ne jouer qu'un rôle secondaire dans la représentation, content de sa noblesse, et sachant bien que la liberté du vote ne garantit pas à elle seule la bonne foi des représentans.

Toutes ces prérogatives sont aujourd'hui demandées dans nos monarchies décomposées, mais les circonstances ne sont pas les mêmes, et la manière dont nous envisageons l'état du corps social nous fera toujours regarder comme fort dangereuses des concessions qui ne sont sages qu'autant qu'elles puissent être très limitées; car ces droits politiques dont le peuple jouit en Angleterre, sont dans le gouvernement représentatif la part de la république, et le jury *), les cor-

---

*) Qu'il nous soit permis à l'occasion du jury de présenter une seule observation. On a tant vanté de nos jours la publicité des jugemens par jurés en matière criminelle. Mais où donc est cette publicité? Les jurés opinent en secret, et jamais on n'apprend les motifs de leur décision, ce qui cependant est l'essentiel. Dans nos tribunaux le juge instructeur donne et développe son opinion par écrit; elle circule parmi tous les membres de la cour, et le jugement demande l'unanimité des voix. C'est là qu'est la véritable publicité. Au moins le jury anglais requiert-il l'unanimité, mais en France il suffit des deux tiers des voix. Lequel est préférable, d'un jugement prononcé sur la seule conviction des deux tiers des jurés qui pour la plupart du tems sont peu versés dans la connaissance des lois, ou d'un jugement prononcé à l'unanimité par le collège entier de légistes de profession?

porations, le droit de pétition, la liberté de la presse, seront toujours dans toutes les monarchies des institutions essentiellement démocratiques qui veulent être balancées par l'aristocratie; elles peuvent exister dans un pays où la noblesse est un contrepoids suffisant, mais dans nos états où la balance est si difficile, pour ne pas dire impossible, toutes ces institutions mineraient et renverseraient la royauté qui n'est plus assez soutenue pour résister aux atteintes du pouvoir populaire.

Le principal avantage qui résulte pour l'Angleterre de la prépondérance du principe aristocratique dans la représentation, c'est que l'initiative des lois, point si important dans la monarchie constitutionnelle, peut sans danger appartenir aux deux chambres, puisque dans la confection des lois toute tendance soit républicaine, soit exagérée dans le sens de la couronne, en reste à jamais bannie; il serait même à regretter que l'initiative ne leur appartînt pas, la noblesse étant de sa nature plus propre que le prince à assurer la liberté. Toute la législation découle de la source la plus pure. Les représentans des communes choisis sous l'influence des seigneurs, portent dans leurs discussions les sentimens conservateurs de leurs patrons. Ce que veut la noblesse est aussi voulu par les communes dont l'assemblée n'est en quelque sorte, pour l'esprit dont elle est animée, qu'une émanation de la chambre des Lords. Là se réunissent par un heureux accord les défenseurs zélés du trône et les fermes appuis des droits du peuple; là, le génie, le talent, le plus ardent patriotisme, le désintéressement le plus vertueux, toutes les qualités de l'esprit et du coeur, concourent à atteindre un seul but, celui de maintenir la chose établie comme la plus parfaite, d'empêcher toute innovation qui conduirait à d'autres changemens, enfin de faire respecter et exécuter la loi fondamentale dont le bienfait s'étend du palais des grands au dernier hameau. Là, l'opposition nécessaire dans l'état libre, et se formant d'elle même au sein d'une assemblée délibérante, ne prend point ce caractère factieux qui menaçant le gouvernement, trompant l'opinion publique par des déclamations mensongères, finit par diviser et par aigrir les esprits au point d'engager une lutte qui souvent ramène le despotisme même pour le bien général. L'opposition anglaise n'en veut point à la loi; elle n'a pour but que d'épuiser les discussions, et de produire des argumens pour ou contre, dont la validité est examinée de part et d'autre avec chaleur, mais sans emportement, sans esprit de parti, sans d'autre motif que le bon droit et la vérité. Que les détracteurs de ce beau système qui ne voient dans la constitution anglaise qu'une oligarchie subversive des droits de la nation, parcourent les actes du parlement depuis 1689, et qu'ils osent nous démentir. Dans quel pays de la terre le principe monarchique est-il mieux constitué, où les hommes sont-ils plus libres, où tous les droits de propriété et de sûreté sont-ils plus fortement garantis, où enfin toutes les conditions de l'organisation sociale sont elles mieux combinées, mieux mises en harmonie avec les passions humaines dont tout dépend dans l'ordre politique? Qu'on nous cite une seule occasion où les droits soit du prince, soit du peuple, aient été enfreints, où la liberté ait reçu quelque atteinte, où la législation ait été compromise. Nous ne nous rappelons aucun cas depuis 1689 où le souverain ait été contraint de refuser sa sanction aux propositions des deux chambres dans des questions d'un intérêt général, tandis qu'auparavant toute la représentation ayant passé aux communes, la rencontre des deux pouvoirs ennemis avait amené leur choc, les violences du prince et la chute du trône. Ce n'est pas fortuitement comme on le pense, que le mode actuel de la représentation anglaise s'est établi. On avait eu la république, et l'on avait pu réfléchir aux causes qui l'avaient décidée. À l'expulsion des Stuarts qui donnèrent dans un excès contraire, on avait compris, et des écrivains judicieux fixèrent sur cet objet l'attention de la nation, que la liberté ne peut exister que dans une monarchie mixte, et qu'elle n'a pas de plus grande ennemie que la démocratie toujours portée à gagner sur le principe monarchique; l'aristocratie un moment abattue, s'était relevée vers la fin du protectorat, rien n'avait pu terrasser cet énorme colosse. Il s'empara de la liberté du consentement de tous les partis, et c'est depuis que nous la voyons dans ses mains, que la nation peut être sûre d'en jouir et de la conserver à jamais, à moins d'une révolution physique, d'un déluge qui engloutirait toute la terre du royaume.

S'il était possible d'ajouter foi à ces prétendues usurpations du pouvoir aristocratique qui sont le thème obligé de nos rêveurs politiques, nous aurions la preuve parlante du contraire dans cette vénération, dans ce respect dont toutes les classes de la nation anglaise se plaisent à revêtir la noblesse. On n'aime ni ne considère qui nous nuit. Si le peuple anglais avait à se plaindre de la noblesse, l'opinion publique toute puissante dans un pays libre, en ferait une prompte justice. S'il n'était pas tacitement d'accord avec elle pour ce qui regarde la représentation, il tenterait tout pour amener un changement; mais voyez ce peuple à l'ouverture du parlement, se presser autour des carrosses des Lords, faire éclater à leur passage les plus vifs transports; les saluer avec respect, les suivre en foule au lieu de leurs séances, et les recevoir à leur retour avec cette confiance qui semble leur dire, „nous vous remettons ce que nous avons de plus cher, et nous sommes sûrs que vous défendrez nos droits." On a vu quelquefois le peuple se porter à des démonstrations fort inconvenantes envers le souverain; même dans les républiques les magistrats n'ont pas été à l'abri des affronts; il semble que le peuple toujours enclin à manifester sa force, et ne voyant dans le prince qu'une limite à sa tendance subversive, veuille ainsi se satisfaire comme pour se venger en quelque sorte de l'inviolabilité d'un chef qui le gêne. Mais jamais la pairie anglaise ne fut en butte aux outrages; le peuple croirait se manquer à lui même s'il déconsidérait ses premiers représentans. Il existe à cet égard parmi lui un sentiment de convenance, un esprit de tradition, une connaissance de son histoire et de ses intérêts qui ne lui feront rien faire qu'il puisse se reprocher. La noblesse est à ses yeux un corps inviolable non moins sacré que la majesté même: il sait que la grande charte fut l'oeuvre des barons, qu'il doit tout à sa noblesse, et à la vue de ces châteaux des grands dont l'Angleterre est couverte, de ces immenses propriétés qui ne se détériorent point, de ces campagnes riantes dont la culture est portée à son plus haut degré, de ce vaste commerce fruit de bonnes lois protectrices et première source de la richesse et de la prospérité publiques, le peuple anglais heureux et libre, bénit la hiérarchie de ses rapports et ne demande que leur conservation.

Il n'y a en Angleterre ni esprit révolutionnaire ni jacobinisme comme beaucoup de personnes semblent le croire, parce que dans cet heureux pays il n'y a ni cause ni prétexte de révolution; les rapports n'y ont pas été mis en fusion, il existe de grandes séparations, des sphères naturelles d'attributions, des limites précises qui font et maintiennent la liberté; les tendances personnelles y sont contenues, l'amour du changement éternel dans les hommes ne peut se propager et mettre les institutions en péril. Le corps social sans fictions, sans chimères, sans préjugés, toujours également balancé par des choses réelles, repose tout entier sur une hiérarchie salutaire dont l'absence dans nos monarchies d'Europe a fait leur décomposition. Mais il y a en Angleterre par suite des événemens politiques, des ouvriers sans solde, des tisserans sans travail, beaucoup de misère dans les basses classes, provenant des fluctuations inévitables du commerce dans un pays qui ne vit que du commerce*). Ce mal est passager, le

---

*) On a calculé que la propriété territoriale en Angleterre est dans les mains de 26,000 familles y compris les biens du clergé. Le droit d'aînesse qui lui donne cette concentration, a ce résultat que l'agriculture est dans peu de mains, et que le reste de la nation privé de la culture de la terre, est obligé de toute nécessité à se vouer à l'industrie et au commerce. De là, la souveraineté des mers, de là l'immensité

gouvernement sait y porter remède en ouvrant de nouveaux débouchés à l'industrie. Il y a encore des fous ridicules qui trouvent plaisir à se faire trainer sur un char dans les rues de Londres par une multitude désoeuvrée à laquelle

---

des capitaux, et la richesse des citoyens, de là aussi le grand nombre d'ouvriers. Dès que le commerce souffre par suite des chances inévitables du commerce la classe ouvrière perd son pain avec son travail, et l'on voit par momens la plus grande misère dans le pays de la plus grande prospérité. Cet inconvénient qui en est un fort réel, tient par conséquent de fort près à la législation et quand nous voyons le gouvernement anglais se porter à des mesures souvent violentes à l'égard du commerce européen, nous pouvons admettre qu'il y est contraint par la nature de ses lois, et pour prévenir des mouvemens populaires, qui dans un pays libre prennent souvent un caractère atroce. Il faudrait pour rémédier à l'inconvénient changer l'ordre de succession, et rendre à la nation la terre dont elle est privée, mais la liberté probablement serait perdue, et que l'on juge si les Anglais seraient gens à sacrifier leurs droits. Pour conserver la liberté on maintient la primogéniture, pour obvier aux inconvéniens de la primogéniture on fait du commerce la base de toutes les combinaisons dans les rapports politiques avec d'autres gouvernemens. Le commerce et la liberté sont en Angleterre deux choses si étroitement unies que l'une ne subsisterait pas sans l'autre; d'où il suit que le gouvernement ayant une autre raison d'état, a aussi sa marche particulière, et doit plus ou moins s'isoler des autres; de peur de s'engager et de contracter des obligations qu'il ne saurait tenir. La politique anglaise, comme le commerce, tient un peu du moment, et comme lui doit saisir toutes les chances sans calculer pour un trop long tems. Au lieu de subordonner le commerce aux intérets politiques, comme le font presque toutes les nations, l'Angleterre subordonne sa politique au commerce. „Il n'est pas," dit Montesquieu, „de peuple qui sache mieux faire valoir ces trois choses, le commerce, la réligion et la liberté."

la paix a enlevé le travail et qui accuse le gouvernement des privations qu'elle endure. Ni les radicaux ni les méthodistes ne feront une révolution en Angleterre. Les uns sont l'objet de la risée publique; les autres qui veulent l'égalité des rangs et la communauté des biens, n'ont encore pu séduire aucun propriétaire, et tout ce qu'ils ont tenté pour répandre l'esprit du nivellement, a toujours échoué et échouera toujours contre la grande propriété. L'opinion publique repose sur d'autres élémens. Le pillage de quelques boutiques, des excès coupables de la part du bas peuple n'ont rien de commun avec l'opinion, et peut-être, comme on l'a justement observé, la nature de la loi exige-t'elle de tems en tems le pillage de quelques boutiques pour que personne ne s'endorme. „Ce qu'on appelle union dans un corps politique est une chose très équivoque. La vraie est une union d'harmonie qui fait que toutes les parties quelque opposées qu'elles nous paraissent, concourent au bien général, comme des dissonances dans la musique concourent à l'accord total. Il peut y avoir de l'union dans un pays où l'on ne croit voir que du trouble, c'est-à-dire une harmonie d'où résulte le bonheur qui est la vraie paix. Il en est comme des parties de cet univers éternellement liées par l'action des unes, et la réaction des autres *)."

---

*) Grandeur des Romains.

Heureuse contrée, la démence du nivellement, la brillante chimère de l'égalité n'ont pu l'atteindre, elle n'est point libérale, elle est libre, ce qui vaut bien mieux.

Nous n'entreprendrons pas de développer ici toutes les beautés de la législation anglaise; on en trouvera ailleurs l'admirable histoire. Nous avons voulu seulement indiquer son principe vital qui est ce parfait équilibre dont nous faisons la condition irrémissible du gouvernement libre. La balance est entre les mains d'un grand corps impérissable; la représentation nationale est heureusement tempérée par un pouvoir modérateur; la démocratie qui ne fera jamais de lois monarchiques, est bannie du sanctuaire des lois; le dépôt des lois et de la liberté est commis à une puissante aristocratie, source féconde et pure qui ne dégénère, ni ne tarit point.

Le peuple anglais n'est libre que parce qu'il ne l'est pas par lui même; il n'a la liberté que parce qu'il ne peut pas toucher à la liberté; il est pour ainsi dire forcé à jouir d'un bien qu'il ne saurait pas conserver, et qui deviendrait pour lui le plus grand des maux, s'il en avait la disposition comme il en a la jouissance.

C'est une grande erreur de croire que l'on ait le gouvernement anglais, quand on a les deux chambres et la forme anglaise. Ce gouvernement n'est pas dans la forme, il est dans le principe qui le vivifie.

En un mot, la constitution britannique est fondée sur deux circonstances principales, sur l'existence d'un corps de noblesse constitué, et sur la conservation du lien féodal. On doit ajouter que la position insulaire rendant inutile la présence d'une armée, le souverain n'a pas eu le pouvoir d'asservir la nation, circonstance sans laquelle les deux premières probablement n'auraient pas suffis, quelque puissantes qu'elles aient été.

CHAPITRE V.

De l'état des sociétés en Europe.

Mais que les rapports du reste de l'Europe sont différens, et que nous sommes loin de posséder les mêmes avantages; dans la désorganisation sociale dont nous souffrons, quels élémens nous restent pour une bonne recomposition, et que ferons nous pour atteindre au modèle qu'on offre sans cesse à nos yeux, qui ne soit qu'une pâle imitation, une utopie, un essai dont la non réussite ne tardera pas à nous punir de notre aveuglement.

Il est absolument impossible que dans nos monarchies, l'aristocratie dans son état actuel reprenne jamais assez d'empire pour pouvoir surveiller nos libertés. A qui donc les confierons nous? Dans nos gouvernemens constitutionnels les communes doivent l'emporter dans la représentation, et de cette prépondérance populaire, nécessaire, inévitable, peuvent résulter les plus graves inconvéniens.

Nous supplions qu'on nous permette de regarder un moment derrière nous. Le passé nous explique le présent et peut nous expliquer l'avenir. La tendance du siècle est toute historique, elle remonte à l'origine de nos institutions. L'histoire des révolutions est l'histoire des faiblesses humaines, il faut y mettre beaucoup de philosophie. Pour bien saisir l'importance de la question qui occupe aujourd'hui tous les gouvernemens, il faut faire un retour sur nous mêmes, nous rappeler les événemens de plusieurs siècles, observer les changemens qu'ont subis les rapports sociaux par suite de l'abolition du régime féodal, et suivre la marche lente, mais sûre, de l'esprit humain à travers tant de bouleversemens dans la décomposition graduelle des sociétés. Il n'y a que les esprits légers qui n'aperçoivent dans la tendance du corps social que la seule influence des factions et les intrigues d'un parti; on détruirait à main armée toutes les factions, que la tendance du siècle n'en resterait pas moins la même, car elle est dans les choses bien plus que dans les hommes. Pour juger des effets, il faut remonter aux causes premières.

L'empire romain avait assez duré, il périt de vieillesse, les barbares l'envahirent de toutes parts; ils s'établirent dans les pays conquis et se partagèrent les terres. La nécessité d'un premier pouvoir avait été de bonne heure reconnue pour prévenir les divisions intestines; le chef de l'armée, le plus vaillant guerrier fut revêtu de ce pouvoir*). Ces premiers gouvernemens militaires par leur origine et leur nature, furent tous électifs; ils le furent en France sous la première race**), la couronne passait souvent dans une maison étrangère, et les enfans du prince étaient dépossédés sans que l'on crut nuire à la chose publique. Il était impossible qu'il y eut à cette époque des principes fixes de souveraineté; le plus brave aiant des droits, la fixité n'eut pas été légitime, l'hérédité eut paru un envahissement, il n'y avait de

---

*) Le mot de *König*, *Kunig*, vient de *Kuhne* courage, force, valeur. Les Anglais ont fait de *Kunig*, *King*, mot auquel ils n'attachent pas toute l'étendue du sens que nous donnons au nom de roi; tout est tradition chez ce peuple, et c'est sans doute aux souvenirs de l'histoire qu'il doit d'avoir conservé jusqu'à nos jours sur la souveraineté des principes si différens des nôtres.

**) Nous citerons souvent la France dans le cours de cet exposé parce que la monarchie de Charlemagne étant la plus anciennement établie, a servi de modèle à toutes les autres, et que ce qui s'est passé en France a été plus ou moins l'histoire de ce qui s'est fait ailleurs. Le bien et le mal en sont sortis tour à tour pour les moeurs, l'esprit public, les coutumes et la législation. La question de nos réformes est toute européenne; pour la bien saisir, il faut voir ce qui s'est passé en France et en Angleterre, et cela nous paraît d'autant plus à propos qu'à en juger par ce qui se passe dans plus d'un état, il semble que les grands événemens dont ces deux pays ont été le théâtre, ne soient encore ni assez connus ni assez profondément jugés.

légal que l'éligibilité. D'ailleurs le peuple conquérant avait pris la loi du peuple conquis: la loi romaine régit ces premiers gouvernemens, et l'empire des Césars, modèle du parfait despotisme, n'en était pas davantage pour cela une monarchie héréditaire *).

À mesure que les vaincus se firent au joug des vainqueurs et que les possesseurs de terres s'affermirent, on comprit le prix de la fixité; le mode électif commença à plaire moins, la royauté s'établit, les rois furent plus que des chefs militaires lorsqu'on fut las de la guerre, ou qu'on n'eut plus occasion de la faire. Le gouvernement des Francs sous la seconde race était déjà successif dans une même maison, tous les enfans mâles succédant à parts égales, démembrement qui fut la cause de tant de maux. Les rois présentaient leurs successeurs aux états

---

*) Le code de Justinien ne fut publié à la vérité qu'au sixième siècle (en 533) mais il ne faut pas oublier que ce code ne fut qu'un recueil systématique de toutes les lois éparses qui de tout tems avaient gouverné l'empire, que les barbares connaissaient ces lois, et qu'ils se les étaient appropriées en grande partie en les mêlant aux leurs longtems avant la publication du code. Celui de Théodose réformé par Alaric en 506, était en vigueur en Italie et dans les Gaules, plus de cent ans avant la publication du digeste. Un empire qui avait rempli le monde du bruit de son nom, devait encore, après sa destruction, avoir une grande influence sur les lois. Rome depuis longtems était devenue une espèce de république irrégulière telle à peu près qu'est aujourd'hui l'aristocratie d'Alger où la milice fait et défait à son gré le chef de l'état.

et les faisaient reconnaître de leur vivant sous la foi du serment, qui alors avait une grande valeur parce qu'on y attachait des idées de religion et la crainte des peines éternelles.

Mais le partage de la monarchie entre plusieurs membres de la famille produisit des disputes interminables. Il était rare que chacun fut content de son lot; la jalousie et la haine allumèrent la guerre civile, et la royauté à tout moment compromise, affaiblie par ses efforts continuels, retomba dans l'incertitude.

Il se fit alors dans l'ordre politique une révolution telle qu'on n'en verra plus; et à laquelle il faut rattacher tous les événemens qui se sont passés depuis.

Les terres possédées par les Francs depuis leur entrée dans les Gaules, étaient ou terres saliques, ou bénéfices militaires; les premières leur échurent par la conquête, elles étaient héréditaires et se partageaient; les bénéfices militaires institués par les Romains avant la conquête des Francs, étaient un don du prince, et ce don n'était qu'à vie. Or ces bénéficiers dont le nombre était fort grand, ainsi que les ducs ou gouverneurs des provinces, les comtes ou gouverneurs des villes, les officiers d'un ordre inférieur, profitant de l'affaiblissement de l'autorité royale, rendirent leurs titres héréditaires dans leurs maisons, et ayant usurpé à la fois les terres et la justice, s'érigèrent eux mêmes en seigneurs souverains des lieux, dont ils n'étaient que les propriétaires temporaires, ou les magistrats soit militaires, soit civils. La noblesse ignorée jusqu'au tems des fiefs commença avec cette nouvelle seigneurie*), en sorte que ce fut la possession des terres qui fit les nobles, comme plus tard la perte des terres fut la cause de leur abaissement. Ce fut aussi l'origine de la pairie qui nâquit du patrimoine**). Les seigneurs vas-

---

*) Les citoyens de la France même depuis Clovis, sous la première et longtems sous la seconde race, étaient d'une condition égale, soit Francs, soit Gaulois, et cette égalité qui dura tant que les rois furent absolus, ne fut troublée que par la révolte et la violence de ceux qui avaient usurpé leurs seigneuries. Ce n'est pas qu'il n'y eut sous les deux premières races des hommes plus puissans que d'autres, et en effet on a peine à comprendre comment des Gaulois ou des Francs revêtus de grandes dignités auraient été du même ordre que les autres citoyens; mais cela vient de ce que l'on confond l'autorité avec l'état des personnes. On ne saurait nier qu'il n'y eut des hommes plus considérables les uns que les autres, mais cela ne faisait pas que les conditions dont ils jouissaient les rendissent d'une autre nature pour ainsi dire que leur concitoyens; ils en étaient les premiers, mais ils n'en étaient pas séparés, et les charges de l'état étaient également portées par les uns et par les autres à la différence des tems postérieurs où la noblesse obtint à cet égard de grands avantages sur la roture. (HÉNAULT chronologie de France.)

**) Il faut cependant remarquer que les pairs sont plus anciens en France que la pairie. Celle-ci n'a commencé d'être réelle de nom et d'effet que lorsque les fiefs ont commencé d'être héréditaires et patrimoniaux, au lieu que les pairs étaient juges de tout tems de leurs concitoyens, ce qui semble d'autant plus vrai que lorsque les villes eurent acquis le droit

saux du souverain et souverains eux mêmes de leurs vassaux, acquirent dans peu par l'hérédité une si grande puissance qu'ils ne laissèrent aux rois qu'un fantôme de pouvoir. La royauté circonscrite dans des limites fort étroites, était gênée de toutes les manières par cette prépondérance des nobles toujours désunis, toujours en guerre entre eux pour des intérêts particuliers, et toujours prêts à exciter des troubles et à lever l'étendart de la révolte.

Alors les couronnes ne furent plus qu'un grand fief, les monarchies entourées de fiefs, ne se gouvernèrent plus comme des monarchies, mais se régirent pendant plus de trois cent ans selon la loi commune des fiefs. Les rois tenaient réciproquement des fiefs de leurs sujets, disposition monstrueuse qui fait bien voir que la royauté n'était plus qu'un vain nom.

Il est prouvé qu'avant l'établissement du gouvernement féodal, les nations jouissaient de quelques libertés, de quelques droits politiques, quoiqu'il ne fut point encore question des communes. Les capitulaires des anciens rois de France ne laissent aucun doute à cet égard; c'étaient des lois qui se faisaient dans des parlemens ambulatoires *(placita*, d'où est venu le mot de plaids) auxquels assistaient les écclésiastiques et les laï-

---

de communes, elles qualifièrent en plusieurs lieux leurs juges de pairs bourgeois.

CHAPITRE V.

ques *). Le prince proposait la loi, ou la faisait proposer par son grand référendaire; l'assemblée la discutait en sa présence: aucun document ne fait voir que ces parlemens fussent corps délibérant et plus qu'un simple conseil. Ce que postérieurement les parlemens de France s'arrogèrent, a été visiblement l'oeuvre de la force sur la faiblesse du gouvernement dans le désordre des guerres civiles. Mais ces premiers droits, cette liberté naissante se perdirent lorsque par l'hérédité des fiefs la puissance des grands s'accrut au point d'usurper la justice, et que chaque seigneur se conduisit dans ses domaines comme il voulut. Ceci est bien digne de remarque; le gouvernement féodal s'étant établi dans nos monarchies à la suite d'usurpations continuelles de la part des grands, ne fut pas

---

*) Le commun peuple était exclu de ces assemblées par la raison fort simple qu'alors ils n'existait pas encore de corps de roture. Ces assemblées étaient toutes aristrocratiques. „Je sais et veux reconnaitre qu'anciennement eu Gaule l'on faisait des diètes et assemblées générales, mais vous ne verrez point que le menu peuple y fut appelé, duquel on ne faisait pas plus de cas que d'un zéro en chiffre. Pareillement vous trouverez sous la première et la seconde famille de nos rois les convocations solemnelles que l'on appelait parlemens, mais en icelles n'étaient appelés que les princes, grands seigneurs et ceux qui tenaient les premières dignités en l'église." (*Paquier*, recherches). Nos réformateurs modernes qui citent à tout propos le champ de mai pour défendre les droits du peuple, oublient, ou font semblant d'oublier, que si dans ces tems reculés le peuple avait quelques franchises, le dépôt ne s'en trouvait pas dans ses mains,

légal, ou du moins ne parut pas tel aux yeux des souverains qui se crurent en droit pour le bien même des peuples, de reprendre peu à peu sur les seigneurs tout le fruit de leurs violences.

Ce fut donc précisément le contraire de ce qui se passa en Angleterre. Guillaume établissant le gouvernement féodal de lui même et de sa volonté forte, prescrivit l'hérédité et toutes les charges de la loi des fiefs. L'hérédité fut donc légale comme le gouvernement, il n'y eut pas d'usurpation de la part des grands, ceux ci purent toujours revendiquer des droits, et dans leurs guerres avec la couronne la justice fut presque toujours de leur côté, tandis que chez nous où rien ne fut réglé, toute l'apparence du droit fut pour la couronne qui ne cherchait qu'à rentrer dans ses attributions primitives. De là dans nos monarchies cette lutte si longue, si désastreuse entre la royauté et la féodalité pour des droits mal définis de part et d'autre, tandis que dans la Grande-Bretagne tout, jusqu'aux discordes civiles, servit à cimenter et à affermir la loi.

Vous connaissez les moeurs de ces tems, rien n'égalait leur confusion. Les campagnes étaient foulées, le peuple vivait dans la servitude des grands, les villes étaient en butte à toutes les aggressions, aux vexations les plus arbitraires, les nobles regnaient despotiquement. Tout propriétaire de château, maître absolu dans ses domaines, ne rendait compte qu'à lui, et trouvait toujours moyen d'échapper à un tribunal suprême, s'il en existait, par la force de son épée et en armant ses vassaux. Les arrière-vassaux relevant du suzerain et non du seigneur dominant, étaient obligés de suivre leur seigneur à la guerre contre le roi même quoiqu'ils fussent nés ses sujets. Ce fut le règne du plus fort, le règne de la violence et de tous les abus; il n'y eut plus ni justice, ni lois; les anciens établissemens, les capitulaires, la loi romaine, les lettres, tout se perdit au milieu de la barbarie pour faire place au chaos du gouvernement féodal.

Cependant, le croira t'on? c'est au milieu de ce désordre que la monarchie jeta ses racines, et que l'hérédité s'établit. Les grands ayant usurpé la perpétuité de leurs biens et réduit la couronne à n'être qu'un simple fief que la loi commune devait régir, les rois purent se rendre héréditaires dans leurs domaines à l'exemple des grands, car le système féodal établit en France, en Angleterre, en Allemagne, en Espagne, en Italie, le droit d'aînesse inconnu jusqu'alors. On choisissait l'aîné de la famille parce qu'il était plutôt en état de gérer le fief, et les fiefs étant grevés de charges, le possesseur devait être à même de les remplir, ce qui ne pouvait se faire qu'en rendant la propriété indivisible; il ne se fit plus de partages, la raison de la loi féodale força la loi civile ou politique; on punissait les aliénations comme des entreprises sur le domaine en confisquant le fief. Or la primogéniture réglant tous les fiefs, devait aussi régler la couronne qui était le grand fief, et la couronne dès lors passa à l'aîné de la maison suivant le mode prescrit pour les fiefs particuliers. Tout fut régi par la même loi. Mais la fédération des grands put se dissoudre avec le tems et les événemens, tandis que la couronne s'affermit et se maintint. C'est ainsi que se sont formées nos monarchies, c'est à la raison de la loi féodale et non pas à une constitution véritablement monarchique, comme quelques auteurs le croient, que nous devons nos dynasties; ainsi l'on peut sans mentir à l'histoire, affirmer en toute certitude que l'hérédité des couronnes premier besoin des peuples et première condition de toute stabilité, fut l'oeuvre du tems qui la légitima, comme il légitima la prise de possession des simples fiefs, quoique celle-ci fut visiblement l'oeuvre de la violence, tandis que l'hérédité des couronnes fut l'effet de l'abaissement même où elles étaient réduites.

Tout s'use, tout change, rien ne dure, cet état de choses assis sur la force ne pouvait durer toujours, mais il dura longtems parce qu'il reposait sur le sol même de l'état, sur de grandes réalités, sources fécondes de puissance que rien alors ne pouvait faire tarir.

Les lumières reparurent insensiblement. Le siècle qui précéda celui de la féodalité, avait été plus brillant dans les Gaules par rapport aux sciences qu'aucun autre ne l'avait été dans cette partie de l'Europe. Trèves, Bordeaux, Toulouse, Autun étaient le siège des bonnes lettres, la langue latine était la langue vulgaire du pays. Mais dans le désordre et la confusion des lois, les sciences n'avaient fait que décliner, la violence des grands arrêta longtems la civilisation, le peuple malheureux et souffrant, languissait abruti dans une honteuse ignorance. Lorsqu'enfin le tems eut passé sur ces violences, et que la prescription eut pour ainsi dire imprimé sa légitimité à tant d'usurpations, le gouvernement féodal offrit quelquefois des intervalles de paix qui furent favorables à l'esprit humain. La loi romaine se retrouva, on fut trop heureux de pouvoir l'appliquer, elle servit les progrès de la raison. Sans doute ces lumières étaient bien imparfaites, mais enfin c'étaient toujours des lumières assez vives pour adoucir les hommes. Ce fut l'aurore d'un meilleur ordre de choses, le droit et l'équité commençaient à se faire jour à travers les épaisses ténèbres de la rudesse féodale. La férocité ne fut plus si grande, des moeurs plus douces firent naître l'esprit de la chevalerie, la loyauté, la bonne foi et tant de vertus qui ne furent pas éternelles. Le point d'honneur naquit de la chevalerie, on eut de belles traditions et la puissance si grande des souvenirs.

Quarante feudataires possédaient la France. La Bourgogne, la Normandie, la Guienne, la Bretagne, la Flandre, la Gascogne, Toulouse, Limoges, Nantes étaient détachées de la couronne. Toutes ces provinces avaient leurs lois et leurs coutumes, elles avaient donc des intérêts divers. Les rois surent en profiter pour les armer l'une contre l'autre, ils divisèrent et régnèrent. Ces lois et ces coutumes, subsistèrent après la réunion. De là le vague et l'infixité dans la législation du royaume.

Mais l'Angleterre fut un état indivis qui ne reconnaissait qu'un maître, qu'un titre. C'étaient d'un bout du royaume à l'autre mêmes notions, mêmes intérêts. La législation n'eut qu'un jet. La division entre les barons eut été sans but, le monarque fut toujours seul au milieu de ses vassaux.

Les rois devenus héréditaires dans leurs domaines, voulant abaisser les grands et se soustraire à une gêne insupportable, tombèrent sur l'idée heureuse de donner des droits et des immunités aux villes de leurs dépendances. On vit naître un tiers état; le peuple si longtems méprisé retrouva enfin dans l'ordre politique l'existence civile que le gouvernement féodal lui avait enlevée. Les nobles pour rivaliser de richesse, ne tardèrent pas à suivre cet exemple dans leurs possessions; leurs vassaux comme ceux du prince, obtinrent au prix de redevances pécuniaires, une sorte de liberté. Un corps nouveau s'interposa dans la société et put avec le tems balancer l'autorité des grands. Les immunités et les privilèges des villes augmentant les revenus de la couronne, le pouvoir des rois s'accrût avec leur richesse et leur indépendance; ce fut la troisième époque de la royauté.

Rien alors ne servit mieux la cause des rois et le développement des monarchies que les croisades. La noblesse et l'argent allèrent se perdre dans l'Orient. Tel seigneur entraîné par l'opinion religieuse du siècle, vendait ou engageait ses fiefs au souverain et même aux communes pour faire le voyage de Palestine: d'autres n'en revenaient pas et leurs fiefs retombaient à la couronne: d'autres encore qui en revenaient, ayant recueilli en Grèce de précieuses lumières, y avaient pris le goût de l'ordre ou trouvaient à leur retour leurs affaires dans un si grand délabrement, qu'ils perdaient le désir de s'opposer au souverain pour transiger avec lui à des conditions toujours favorables à la royauté. Les rois se gardèrent bien d'empêcher ce mouvement; ils y prirent part eux mêmes pour entraîner les grands vassaux. La piété et l'esprit religieux furent pour beaucoup dans les croisades, mais la raison d'état y eut à coup sûr la première place*).

---

*) JOINVILLE.

On vit paraître de puissans souverains où l'on n'avait vu que de très petits princes, et de grands états se formèrent qui longtems avaient été autant de domaines particuliers.

Mais ce qui mit surtout un terme au règne des nobles, et rendit avec le tems la royauté absolue, ce fut l'entretien des armées permanentes. L'augmentation successive des impôts que les rois purent établir lorsque par le progrès des lumières, du commerce et de l'industrie, les peuples plus riches purent enrichir le trésor public, fournit à la royauté les moyens de conserver en tems de paix des armées assez considérables. Cette quatrième époque de la royauté fut décisive pour l'avenir; les nobles n'eurent plus la même importance en tems de guerre, on put à la rigueur se passer d'eux et de leurs troupes, ils furent contenus, les rois devinrent les plus forts. Alors la monarchie s'assit sur des bases solides; la couronne ne dépendant plus du ban et de l'arrière-ban, le gouvernement féodal, gouvernement tout militaire, en fut nécessairement ébranlé.

Ce changement eut pour la suite des tems une conséquence bien grave; la nature de la propriété foncière subit une révolution. Tant que les tenures féodales furent grevées de servitudes militaires, les terres demeurèrent fixées dans le gouvernement et la couronne conserva sur elles un droit incontestable. L'entretien des armées dégrevant les fiefs de ces servitudes qui étaient les principales, ce droit se perdit avec l'obligation du vassal. Les terres furent plus indépendantes, on prit d'autres notions et on sentit le besoin d'autres lois. L'Angleterre seule conservant des servitudes, maintint le droit du souverain. Toute la terre du royaume grevée de certaines charges, resta dans l'ordre politique, ce qui fut d'un prix inestimable.

Cet état de choses fut général dans tout le continent européen à des époques assez rapprochées. De grands états existaient, les tendances de chacun d'eux étaient connues, les relations, les intérêts, les vues politiques avaient pris naissance, le corps des nations s'était formé. Chaque monarchie comprit qu'il lui fallait une armée pour se maintenir contre la monarchie voisine, les rois eurent ainsi toute la puissance pour se consolider au dedans comme au dehors, et les institutions féodales sappées dans leur principe disparurent peu à peu avec les événemens devant le pouvoir armé qui les combattait. La couronne commença par reprendre sur les grands la justice qu'ils avaient usurpée et par la faire rendre en son nom. Les grandes assises, les cas royaux, les *missi dominici* rendirent aux rois le pouvoir judiciaire. Rien ne fut plus propre à affermir la royauté. Les lois étant dans l'état la chose principale, l'influence de la couronne s'étendit partout; on s'accoutuma à regarder le trône comme la base de l'édifice social et à y rattacher toutes les idées de paix intérieure et d'ordre public. Les grands perdirent ainsi le plus important de leurs privilèges, et ce premier pas fait, leur puissance ne fit plus que déchoir.

C'est à cette époque qu'il faut rapporter dans nos monarchies les notions plus fixes qu'on prit de la souveraineté. Dans nos états le besoin d'une bonne justice s'associa avec l'idée du pouvoir absolu. Une justice impartiale et réglée pouvait paraître un dédommagement de la servitude. On aima mieux obéir à un seul qu'à une multitude de juges oppresseurs. La jurisprudence anglaise prit une autre marche. Les grands conservèrent le droit d'être juges, ils n'opprimèrent pas, et firent aimer leur justice. L'influence de la couronne fut donc moins nécessaire, celle des grands le fut toujours. Les idées anciennes furent gravées dans les coeurs, tout fut tradition, le prince resta le premier homme de la république.

Devenus oisifs dans leurs terres, les nobles commencèrent à s'y plaire moins; il sse rapprochèrent de la cour où ils furent attirés par les charges et par les bienfaits et où le plaisir les retint. Les femmes y furent introduites, et comme bientôt il ne fut plus question de disputer l'autorité, l'ambition de la faveur et de la galanterie devint l'objet des seigneurs qui ne furent plus que des courtisans lorsqu'ils cessèrent d'être des hommes de guerre. Leur séjour dans les villes dut encore enrichir celles-ci, et appauvrir les fiefs; les liens du régime féodal se relâchèrent de plus en plus.

Un seul pays put conserver ce régime dans toute sa pureté; ce fut l'Angleterre. Nous avons vu que dans ce pays l'établissement de la féodalité fut tout différent; elle se maintint de même par des causes particulières. Une île sans contact avec aucun voisin, à couvert des réactions et des dérangemens qu'occasionne le voisinage, n'avait pas besoin d'armée permanente. Les monarques anglais liés par le lien féodal, n'eurent de troupes que ce que leurs vassaux voulaient bien leur en fournir, et la féodalité restant un corps compacte et indivisible, essentiellement dirigé contre le prince, le pouvoir militaire de celui-ci se réduisait à peu de chose. En Angleterre la couronne n'eut jamais de puissance que ce qu'il lui fallait pour résister aux grands, non pour les accabler, tandis que sur notre continent les rois armés de toutes pièces et pendant la guerre et pendant la paix, purent facilement se débarrasser des grands.

Ils y réussirent par les fautes mêmes de la noblesse qui après avoir usurpé tous ses droits, n'eut pas l'esprit de se constituer en corps pour les conserver.

Nous l'avons déjà remarqué, et ceci est de

la plus haute importance à raison de ce qui s'en est suivi pour l'ordre politique, la noblesse dans nos monarchies fit la faute irréparable de se séparer des communes.. Au lieu de chercher à obtenir pour elle et ses vassaux une liberté régulière et des concessions légales, ce qui l'eut mise à couvert des entreprises de la royauté en la plaçant sous l'égide des lois, elle ne fit jamais rien pour la nation, témoin cette ligue dite du bien public, conduite sous Louis XI roi de France, par les ducs de Bretagne, de Bourbon, de Berry, le comte de Charolois et d'autres, et terminée en 1465 par un traité fait à St. Maur dans lequel on n'inséra pas un mot en faveur du peuple *). Cette négligence ou plutôt cet égoisme impardonnable des grands fut la cause décisive de leur abaissement. Le peuple foulé par les nobles, et se rappelant qu'il ne l'avait pas toujours été au même degré sous la royauté absolue, se ligua contre eux avec le souverain, et comme ils ne sentirent pas toujours la nécessité de rester unis, et que toute leur puissance était de fait sans être de droit, les liens s'en relâchèrent, et purent se déjoindre avec le tems sous les coups redoublés de la royauté.

Tout ce qui s'est passé depuis dans l'ordre politique, l'instabilité des lois, les abus du pou-

---

*) Mémoires de COMMINES.

voir, les égaremens des peuples, l'incertitude des monarchies, doit se rapporter à ce faux système des grands qui perdant tout en voulant jouir de tout exclusivement, détruisirent eux mêmes l'institution qui devait être la pierre angulaire de l'édifice social. De ce moment la liberté fut à jamais perdue; rien n'étant constitué, la couronne put s'emparer du pouvoir, et tout prit insensiblement la route du despotisme.

C'est une chose admirable que l'élévation rapide du tiers état se faisant jour à travers les erreurs, les abus, l'ignorance, le désordre de la féodalité. Deux causes coïncidentes peuvent l'expliquer; la tendance perpétuelle du pouvoir souverain et les progrès des richesses et des lumières dans les classes inférieures de l'ordre social.

La tendance des rois toujours dirigée contre les grands, ne leur faisait voir alors d'ennemis que dans eux. C'était en quelque sorte une loi de famille des maisons régnantes de ne pas permettre le retour des anciens dangers, et de miner par tous les moyens possibles les bases d'un corps audacieux dont les élémens renfermaient encore assez de puissance pour donner de l'ombrage. Toute la politique des rois, toute la science du gouvernement, le but et l'essence de toutes les lois, de toutes les ordonnances, consistèrent à morseler ces élémens et à les empêcher de se réunir. Il entrait également dans

8

les vues de la couronne d'élever le tiers, non pour lui même, mais pour toujours l'opposer à la noblesse, pour trouver dans de riches communes des moyens de résistance et d'asservissement. Les rois eurent gain de cause, lorsque la noblesse déchue de son antique vocation, négligeant ses intérêts au point de compromettre ce qui lui avait donné naissance et faisait la condition de son existence politique, cessa d'elle même avec le tems d'être foncière, soit en vendant ses terres pour se ruiner splendidement dans les cours *) et satisfaire son goût pour le luxe, soit en les épuisant, en les chargeant de dettes et surtout en permettant le partage des biens dans les familles, ce qui dut perdre la propriété et appauvrir les propriétaires. Nous avons parlé de la loi romaine et du droit de

---

*) La noblesse quittant les campagnes pour s'enfermer dans les villes, dut perdre toute influence. En Espagne où les grands habitèrent de préférence les cités d'abord pour se garantir des Maures, plus tard par goût et pour faire figure à la cour, il ne resta dans les campagnes que le clergé; c'est là ce qui explique le peu de crédit de la noblesse espagnole sur l'homme des champs qui ne voit jamais son seigneur, et l'influence toute puissante des moines propriétaires de riches couvens. Il a fallu ce singulier état de choses, maintenu depuis tant de siècles, pour qu'une nation généreuse, favorisée de tous les dons de la nature, restât en arrière des autres par suite de l'omnipotence des religieux stationnaires par principes. La noblesse anglaise fait tout le contraire; elle habite les campagnes, et ne s'enferme dans les villes qu'un tems fort court de l'année, et lorsque les affaires publiques l'y appellent.

primogéniture: l'introduction de l'une et l'abolition de l'autre, assurèrent la puissance absolue en déjoignant successivement toutes les pièces du grand corps qui avait été jusqu'alors le contrepoids des monarchies. Perdues sous le régime féodal, retrouvées dans un tems où les souverains par l'hérédité et par l'assistance des communes, avaient acquis assez de puissance pour rompre les entraves des grands, les institutions de Justinien devinrent bientôt la base des lois et changèrent peu à peu les dispositions principales de la loi des fiefs. Ce fut un bien alors, car le chaos de la loi féodale rendait une bonne justice impossible, et les institutes offraient cet avantage qu'étant fondées sur des principes généraux, clairs dans leur sens, faciles dans leur application, leurs dispositions semblaient conformes au bien-être et à la prospérité d'états que la licence féodale avait pendant quatre siècles rendus victimes de la plus horrible anarchie. Dans le désordre extrême de la jurisprudence, il suffisait qu'à côté de l'ancienne loi des fiefs il se plaçât de nouvelles lois qui supprimassent de fait ce que prescrivaient d'onéreux les coutumes, pour qu'il se fît une révolution dans les idées et dans les choses. Dès qu'il fut permis de comparer les deux législations, le choix ne fut pas douteux, la plus raisonnable eut la préférence. Dans la loi féodale tout était contrainte et violence, car la violence l'avait dictée, dans la loi romaine tout paraissait raison; c'était la raison écrite. En fait de lois on adopte toujours ce qu'il y a de mieux, et le lien féodal s'étant relâché, la loi qui s'y rapportait devait bientôt paraître insuffisante. Les terres n'étant plus grevées de tant de charges, surtout depuis que la couronne conserva des armées, le motif principal qui les avait rendues indivisibles, celui de mettre le propriétaire à même de remplir ces charges, commençait à disparaître. L'ordre féodal pour la propriété perdit de son prix en perdant son premier but. De nouveaux rapports créèrent de nouveaux besoins et demandèrent d'autres lois. Des mœurs plus douces blâmèrent le droit d'aînesse; on trouva cruel d'avantager un enfant pour déshériter en quelque façon les autres, et le code civil fut reçu comme le triomphe de la justice sur la véritable barbarie. Il se fit des partages; il y eut des exemples que les femmes héritèrent des terres: on traita d'injuste la loi militaire qui les privait de la succession pour tout donner aux mâles, ce que les anciennes charges seulement avaient justifié, et la loi romaine partageant entre tous, parut bien plus naturelle lorsque ces charges cessèrent. Autrefois on convertissait en fiefs beaucoup d'alleus pour les mettre sous la protection d'un puissant seigneur: dans la suite lorsque les nobles perdirent le droit de guerre privée, lorsqu'il y eut de longs intervalles de paix publique et des tribunaux indépendans, on eut moins besoin de protecteurs; beaucoup de fiefs secondaires furent convertis en alleus dont on disposait à volonté, et quoique le fief principal restât encore inaliénable, ce fut plus par la force de l'usage, et pour perpétuer un nom, que par un véritable motif d'état. Par là les terres sortirent du gouvernement; elles entrèrent dans la jurisprudence civile et purent entrer dans le commerce, ce que la couronne se réserva sur les fiefs, fut réduit à des formalités et à des honneurs qui n'obligeaient à rien. Le nom seul de fief resta, la chose disparut. Ainsi tomba lentement cet imposant édifice, lorsqu'il fut devenu inutile, lorsque les rapports sociaux changèrent de forme, et qu'une nouvelle jurisprudence vint s'interposer entre des institutions surannées et des besoins réels que la loi féodale ne pouvait prévoir. La féodalité avait supprimé la loi romaine, la loi romaine supprima à son tour la loi féodale; celle-ci ne fut au fond qu'une interruption forcée des anciennes lois dont le code s'était perdu, mais dont le souvenir subsistait dans les coutumes et surtout dans les canons de l'église. Le tems et les événemens firent le reste, lorsque les monarchies furent absolues, lorsque la richesse passa dans d'autres mains, lorsque les divers ordres perdirent leur importance politique, et que les grandes familles réduites à la nullité par la puissance de la couronne, désespérèrent de regagner quelque ascendant et devinrent les instrumens du pouvoir. Alors toutes les conséquences de l'ancien système firent place à d'autres combinaisons, il ne resta de la féodalité que les faits qui l'avaient illustrée, et plus encore, la mémoire de ses violences. La primogéniture se perdit entièrement; les majorats dans quelques pays de coutume, ne furent qu'une exception à la règle générale, et ne furent nulle part une institution politique. Les terres même qui restèrent fiefs, prirent comme les alleus la succession romaine, et la subdivision constante des fortunes appauvrissant la noblesse, finit par la mettre de niveau avec les classes inférieures, dont bientôt elle fut dépendante. La noblesse devint peuple et l'équilibre fut rompu. Ainsi le retour des lois romaines décida du sort de nos pays: de bonnes lois civiles assurèrent l'ordre public et le bonheur des sujets, mais l'ordre politique en souffrit, et la suite des tems prouva que si au commencement ce changement fut favorable au développement des monarchies comme aux progrès de la civilisation, il devait un jour avoir les résultats les plus embarrassans.

Ce furent donc ces trois choses, les fautes de la noblesse qui ne chercha pas à se constituer, l'entretien des armées permanentes et la loi romaine supprimant implicitement le droit d'aînesse, qui dans nos monarchies renversèrent le gouvernement féodal. Ces causes n'agirent pas à la fois, ni dans un court espace de tems, mais l'une fut toujours le puissant mobile de l'autre, les effets dérivaient des effets, et les événemens naissaient des événemens. Les élémens sociaux autrefois si divisés, commencèrent alors à se rapprocher, le troisième ordre fit des pas de géant aux dépens de la hiérarchie. L'organisation municipale donna au peuple une grande consistence, la civilisation se répandit du sein des villes qui furent le siège des arts et de l'industrie, fruits d'une sage liberté. De toutes les fausses démarches des grands, aucune ne servit mieux le pouvoir que le morcellement et la ruine de la propriété. Les rois ou fermèrent les yeux sur ces partages, ou les favorisèrent ouvertement par des ordonnances multipliées dont ils se promettaient de grands avantages, mais dont l'effet fut de dissoudre tous les liens entre la couronne et le territoire. Une puissance ainsi disséminée devait perdre en perdant de son intensité; des sujets ainsi divisés et répartis se défendraient mal et obéiraient mieux: on règne sans obstacle sur une population décomposée; tel fut peut-être le calcul des gouvernemens absolus; qui pouvait prévoir au quinzième, au seizième, au dixseptième siècle, la marche étonnante de l'esprit et les inconvéniens que cet ordre de choses ferait naître un jour; qui pouvait prévoir qu'après avoir dissous le corps aristocratique pour se rendre absolue, la royauté plus tard passerait sous le joug des communes et chercherait, mais envain, à s'étayer des faibles débris d'une noblesse impuissante qu'elle a tant contribué à perdre dans l'opinion.

Nous avons vu que rien de tout cela n'arriva en Angleterre. La noblesse soutenant les communes, soutenue par elles et ne s'en séparant jamais dans des questions d'un intérêt général, eut la sagesse de se constituer en corps politique. Sa puissance non seulement fut de fait, elle fut encore de droit, ce qui la mit à l'abri des atteintes, et conservant précieusement le sol de l'état en maintenant le mode de succession fondé sur la rigueur du lien féodal, elle resta corps, et fut aux entreprises que tenta la couronne pour établir la servitude, un rempart inexpugnable. Ni le droit romain qu'on rejeta, ni les armées permanentes dont on n'eut pas besoin, ne purent décomposer l'ordre social; une grande et forte hiérarchie s'établit, et avec elle des résistances qui furent le soutien des lois *). Il faut le dire, les influences du pou-

---

*) Sans doute malgré la primogéniture et l'inaliénabilité des terres possédées par les grands barons, la plûpart des anciennes maisons se sont éteintes et n'existent plus. Les familles ont péri dans les guerres contre la France et surtout dans les guerres civiles des deux roses; mais les titres et les terres ont passé à d'autres maisons et se sont ainsi conservées

voir furent souvent bien grandes; il y eut des
abus, des intervalles de despotisme, il y eut
des crimes d'état et de graves erreurs; mais au
milieu des révolutions, à travers toutes les phases de la liberté, le principe conservateur
fut toujours maintenu, l'institution un moment
compromise, reparut un roc après la tempête;
ces abus, ces influences du pouvoir furent des
maux passagers, inséparables des institutions
des hommes.

Les lumières du tiers état furent l'effet naturel des grands événemens du globe qui se succédant avec une rapidité miraculeuse, étendirent
le champ des pensées humaines en frappant toutes les imaginations. Que de réflexions sublimes doivent être venues aux hommes lorsqu'un
nouveau monde fut découvert, lorsque la pensée écrite put se porter rapidement d'un pôle

---

pour le bonheur du pays; les terres ont seulement changé de
possesseurs, la législation ne changea pas, et les maisons nouvelles marchèrent dans la voie des anciennes. Ce qui a fait
encore de la noblesse anglaise une véritable aristocratie, indépendamment de la concentration des fortunes territoriales,
c'est la séparation qui s'opéra dans le 14me siècle entre les
grands barons et la petite noblesse pauvre et insignifiante;
cette dernière fit cause commune avec les villes, et forma de
cette manière la chambre basse. Cet heureux incident, dont
les historiens anglais ne savent assigner ni l'époque bien certaine, ni les causes déterminantes, épurant la noblesse, et la
dégageant d'élémens inutiles, consolida cette aristocratie forte, homogène, indivisible de la chambre haute et en fit une
véritable magistrature politique.

à l'autre, lorsque la réformation débrouilla le chaos des idées religieuses, et que par l'invention de la poudre, la bravoure personnelle et la force physique dûrent céder aux combinaisons plus savantes de l'esprit.

Les conséquences de ces événemens et de ces découvertes furent inombrables, elles influèrent sur le corps social au point d'en changer de fond en comble tous les rapports.

Dans le principe lorsque les peuples s'unirent aux rois pour abaisser les nobles, ils entendaient bien secouer le joug de leurs oppresseurs, mais ils agissaient aussi pour la royauté dont les intérêts devenaient les leurs. Plus tard lorsque par le progrès des lumières et l'abaissement des grands, le tiers eut acquis quelque consistance, les intérêts se séparant insensiblement, ce tiers au fond ne voulut plus agir que pour lui.

Il s'enrichit par le commerce et par l'industrie qui furent son partage exclusif, la noblesse trop fière ne connaissant que les armes. Le commerce, l'esprit d'indépendance qu'il fait naître, les communications plus fréquentes avec d'autres hommes et d'autres pays; la vue continuelle de choses nouvelles, d'améliorations, de perfectionnemens; des imitations, des découvertes, une activité toujours soutenue par le besoin d'agir; le développement progressif de toutes les facultés, le grand nombre enfin, et la marche inévitable des choses, tout servit à donner au tiers une stabilité qui alla toujours croissante, les causes qui l'avaient favorisée ne cessant pas d'éxister.

C'est dans le commerce surtout, et dans les richesses qu'il procure, qu'il faut chercher la cause principale de ce prodigieux développement des communes. L'aisance des familles leur assura l'indépendance qui est la vraie puissance. En s'enrichissant, la roture gagna tous les moyens de s'éclairer et de s'instruire. Ce furent en Angleterre les réglemens de commerce d'Edourd III, qui donnèrent aux communes tant de pouvoir et d'orgueil. La découverte du nouveau monde jetant en Europe tout l'or du Mexique et du Perou, les ramifications du commerce furent infinies, et firent une révolution dans les fortunes. Tous les profits du commerce furent pour la roture, qui consacrant la richesse à former des établissemens durables, sut la conserver, tandis que la noblesse méprisant le négoce, ne considérait la fortune que comme un moyen de satisfaire son goût pour le luxe, et la dissipait pour des objets frivoles. Le mode de succession fixé par la loi romaine, si défavorable pour la noblesse, servit encore les progrès de la nation en répartissant les fortunes, en donnant à tous un droit égal et les moyens de conserver, d'étendre, de faire valoir des avantages acquis, de sorte que ce qui fit avec le tems la ruine des grandes maisons, fut précisément ce qui contribua le plus à élever les classes inférieures. La roture alors devint un corps indivisible et compacte, jaloux de ses droits, ennemi naturel d'une féodalité altière qui si longtems s'était opposée à son élévation, et qui regrettait déjà les concessions qu'elle lui avait faites. La noblesse fut à son tour l'ennemie du tiers; elle chercha à l'accabler par d'anciennes lois féodales; mais les villes avaient pris un trop grand essor, et tout ce que firent les nobles pour conserver des privilèges aux dépens des peuples, ne servit qu'à ajouter à la violence de la lutte entre deux pouvoirs si contraires.

Ce développement lent mais sûr des états eut encore un autre résultat, une augmentation excessive de population. Il semblait au 14me, au 15me, au 16me siècle que les hommes sortissent de terre. Les guerres les plus sanglantes, les discordes civiles les plus acharnées, loin de dépeupler les monarchies, peuplèrent et fertilisèrent des déserts, sans doute par cette loi de la nature, que le mouvement développe et que la stagnation paralyse. L'abolition du servage favorisant l'agriculture, la culture des terres fut une source inépuisable de richesse, d'ordre et de fixité; mais plus les populations augmentèrent, plus la force numérique du peuple s'accrût, et plus aussi naquirent de nouveaux besoins, de nouveau intérêts, et s'élevèrent de nouvelles prétentions...

Ce qui influa puissamment sur l'état social, ce fut la révolution qui s'opéra dans les idées religieuses. La réformation simplifiant toutes les choses spirituelles, et mettant un terme à la hiérarchie ecclésiastique, dut simplifier les choses temporelles et toutes les notions de droit naturel, de pouvoir et de législation civile. La doctrine du droit divin jusqu'alors enseignée, condamnée comme absurde par l'opinion nouvelle, fit place à des principes plus sensés. Dans les pays qui embrassèrent la réforme, le clergé catholique perdit toute sa puissance, et la royauté absolue un grand soutien, car dès que la discipline ecclésiastique qui avait été si longtems une barrière, n'arrêta plus l'esprit humain, dès que la religion rendue à sa morale et à sa pureté primitive, rejeta toutes les entraves de la superstition aveugle et toute idée de suprématie monacale, on appliqua facilement à l'ordre politique des maximes d'égalité civile puisées dans la doctrine d'égalité religieuse. Cette révolution préparée de longue main par les abus de la puissance papale, fut immense dans ses résultats; elle changea non seulement toutes les idées reçues, elle influa encore sur les relations sociales en faisant passer aux communes la majeure partie des terres du clergé, ce qui ne fut pas favorable à la noblesse et donna un grand accroissement de pouvoir au troisième ordre. Les pays qui restèrent fidèles à l'ancienne église, conservèrent, il est vrai, la hiérarchie, mais le coup était porté et l'exemple fut contagieux. On se persuada partout, même dans les pays les plus dévoués à Rome, que rien n'était impossible, jusqu'aux choses que l'on n'aurait osé concevoir. Enfin le protestantisme délivrant les consciences, enrichissant les peuples, répandant une grande indépendance dans les esprits, fit naître des idées de droit, de liberté civile et plus tard de liberté politique.

La réformation de Luther contribua au nivellement, cela n'est pas douteux; mais elle eut aussi pour l'ordre politique des avantages dont on s'aperçoit bien aujourd'hui. Délivrés du joug de Rome et d'une surveillance qui entravait les meilleures volontés, les gouvernemens protestans purent faire de grandes améliorations, détruire des abus nombreux sur lesquels reposait tout l'édifice de la puissance romaine, et marchant avec le tems, éviter la vétusté qui est le vrai principe des révolutions. Dans les pays qui restèrent catholiques la religion fut insuffisante pour empêcher l'aplanissement des rapports, la démocratie n'empiéta pas moins, et comme il y eut de plus des abus insupportables et des causes réelles de mécontentement, les peuples de ces pays s'agitèrent davantage plus le clergé s'opposa aux réformes, et c'est un spectacle curieux de voir de nos jours les pays protestans, la partie excommuniée de l'Europe, en être la plus tranquille, tandis que la partie sainte par excellence ne jouit d'aucune fixité. Nous verrons plus d'une monarchie catholique restée stationnaire périr de vétusté, et les protestantes se tirer d'affaire par cela même qu'ayant réformé à mesure, pouvant sans inconvénient continuer leurs réformes, elles ne renferment pas de cause suffisante de révolution, et n'ont à craindre que quelques théories qu'il sera facile de contenir.

Rien ne fait mieux voir l'influence qu'exerça le protestantisme sur l'ordre politique, que ce qui se passa en Angleterre où Henri VIII abaissa le clergé, comme Henri VII avait abaissé la noblesse. On sécularisa les biens de l'église, on prit avec la liberté de conscience des idées de république, on renversa la monarchie, et on eut le régime républicain préparé depuis long-tems par la supériorité des communes. Mais ce délire se brisa contre le corps aristocratique qui demeura le plus fort malgré tout ce qui s'était fait pour l'abattre, et qui rétablit les choses dans leur ordre naturel quand la république eut lassé la république même. Ailleurs où les circonstances ne furent pas les mêmes, les gouvernemens restèrent les maîtres, mais les institutions ne souffrirent pas moins, et l'esprit d'égalité se propagea dans le silence à l'ombre d'une religion douce qui répand ses bienfaits également.

Il ne faut pas croire que ce que nous avons dit de la déchéance de la féodalité ait eu lieu subitement. Les grands jouèrent longtems un beau rôle, ils ne furent plus tout puissans, mais ils formèrent un grand ordre de l'état, ils furent pendant plusieurs siècles une belle et forte institution propre à lier les élémens de la société et à les balancer également. Mais comme avec le tems qui dévore tout, cette noblesse désunie ne s'appuya plus seulement de choses réelles, et que tout son lustre fut d'opinion, elle déchut dans l'opinion même à mesure que les idées anciennes prirent une nouvelle direction.

L'intérêt privé parle plus haut que l'imagination. Des mots, des noms peuvent par un certain prestige qui s'y trouve attaché contenir quelque tems les hommes, mais ne peuvent les contenir toujours. Il leur faut pour frein de grandes réalites, des institutions fortes, des choses positives qui donnent une puissance matérielle capable de fixer l'opinion. De simples fictions sont trop à découvert, la réflexion s'y attache involontairement, elles inspirent peu de respect et finissent, surtout quand la richesse qui est la puissance même a passé dans d'autres mains, par devenir préjugés que la vanité, l'amour propre, l'ambition, l'envie et toutes les faiblesses humaines invitent aussitôt à combattre. Ces fictions disparaissent dans la lutte inégale entre des choses imaginaires et l'opinion qui étant l'expression du voeu de la majorité, est toujours bonne ou mauvaise une chose fort réelle. Tel a été le sort de la noblesse dans nos pays; apres avoir fait la loi sous le régime féodal, elle fut un grand ordre de l'état soumis au pouvoir royal dans les monarchies tant qu'elle conserva une puissance réelle avec la propriété. Elle déchut et périt devant l'opinion, lorsque sacrifiant le patrimoine, elle ne fut plus qu'un vain nom qui gênait encore, mais n'imposait plus à personne.

Le tiers à travers mille incidens avait lentement marché à son entière consistance. Riche, puissant, éclairé, il sentit son importance, il parla de ses droits, il occupa les places, il expliqua les lois, il put même acquérir des fiefs *)

---

*) L'envahissement de la roture par l'achat des terres nobles remonte en France à l'année 1314. Cette nouveauté avait été l'ouvrage même des nobles épuisés par les dépenses qu'ils avaient faites dans les croisades. Dans ces premiers tems les fiefs communiquaient leurs franchises et leur noblesse aux roturiers qui les possédaient, pourvu qu'ils y fissent leur demeure, et par un usage fort singulier, les nobles qui demeuraient sur leurs terres tenues en censive, étaient considérés et traités comme roturiers. Ainsi c'était la nature de la terre qui décidait de la qualité des personnes, et la noblesse était pour ainsi dire réelle. Les rois n'approuvèrent pas cette manière d'acquérir la noblesse qui ne tendait à rien moins qu'a supplanter la noblesse de naissance, ils ne voulaient pas d'un corps de noblesse qui put faire résistance, mais ils sentaient le besoin de s'appuyer d'une aristocratie, et pour distinguer à l'avenir les nobles des roturiers, ils ordonnèrent que ces

et supplanter les nobles dans le domaine; il perça dans la noblesse ce qui la démembra. Les rois plus absolus que jamais eurent bien soin de ne pas l'en empêcher, ses progrès augmentèrent de jour en jour. Ce tiers jadis si méprisé commença à regarder avec dédain les clas-

---

derniers possédant fiefs, seraient tenus de leur payer de tems en tems une certaine somme pour interrompre la prescription, ce qui fut d'abord fixé à quarante ans, et dans la suite à vingt ans. Malgré ces précautions et ces taxes, les roturiers continuèrent à prendre le titre de nobles ou d'écuyers et le nom de leurs fiefs, et ce fut pour empêcher cet abus que par l'édit de Blois de 1579 on statua à l'article 663 que les roturiers et non nobles qui acheteraient des terres nobles ne seraient pas pour cela annoblis de quelque revenu que pussent être les fiefs par eux acquis. Autrefois les roturiers possédant fiefs étaient tenus d'en remplir les charges militaires; postérieurement cela n'eut plus lieu, ils en furent exemptés en donnant une année du revenu de leur fief, ce qui dut paraître fort onéreux. Il y eut donc en France deux propriétés d'une nature fort distincte, celle des nobles, et celle des roturiers: ceux ci n'ayant aucun motif de se gouverner selon la loi féodale des nobles, prirent d'autres notions, et le code civil fit de la propriété roturière une véritable opposition à la noblesse. De plus, les roturiers n'ayant pas les franchises des nobles, les deux propriétés formèrent un contraste qui ne fut pas à l'avantage de la noblesse, surtout quand les institutions féodales tombèrent dans le mépris. On voit combien peu la noblesse française formait une corporation close dans le tems même de sa plus grande splendeur, puisqu'il avait longtems suffi d'acquérir un fief, pour être censé en faire partie. En Angleterre ou les terres demeurèrent inaliénables, l'envahissement de la roture n'eut lieu qu'un moment lors du schisme religieux; ces nouveaux propriétaires purent entrer dans la chambre des communes, mais ne purent pas,

ses supérieures *). Cependant les rapports sociaux furent longtems en équilibre, à raison de la solidité de l'édifice, des localités, des difficultés du développement, du pouvoir si grand de l'habitude et du concours de tant de circonstances qui maintenaient l'ancienne allure. Mais à mesure que le second ordre de l'état perdait devant le progrès des idées humaines, l'équilibre se détruisait, la balance penchait vers le tiers qui formant l'état proprement dit, se composant de parties toutes homogènes devait faire l'opinion, et la faire nécessairement malgré les résistances, dans un sens populaire, ennemi de

---

entamer la pairie, tandis qu'en France tout prouve qu'aux états du royaume les roturiers propriétaires de fiefs siégaient avec les nobles, au moins dans les premiers tems, à l'époque même où il aurait été de la plus haute importance pour l'avenir que les classifications politiques eussent été bien solidement établies.

*) Il faut voir comment Sully dans ses mémoires T. 1. p. 465. se plaint de l'abaissement des grands, du peu de cas qu'en faisait le gouvernement et de l'importance toujours croissante des roturiers. Les traitans et les financiers parurent aux états de Rouen de 1596 avec un faste et une magnificence qui fit qu'on compta pour rien la noblesse, les gens de guerre et les autres membres de l'état. Ce qui est remarquable, c'est qu'à ces états qui furent appelés assemblée des notables, la distinction des ordres n'eut pas lieu, ce que vint des gens de robe et de finance qui ne voulurent pas être rangés dans la classe du peuple. La noblesse s'était épuisée dans les guerres civiles. Les chefs de la ligue en se soumettant, demandèrent à Henri IV de l'argent pour se refaire; il lui en couta vingt huit millions de livres.

toutes les distinctions, de toutes les séparations sociales.

Ce n'est pas que les villes eussent longtems conservé des droits : car lorsque les rois jugèrent les grands assez affaiblis pour n'en avoir plus rien à craindre, ils se hâtèrent de reprendre aux villes toutes les franchises qui en avaient fait un contrepoids à la noblesse. Les états généraux, ces sages institutions du moyen âge si susceptibles de perfectionnement, et qui auraient préservé le Corps Social de sa décomposition, ne furent plus convoqués, il n'y eut plus de droits politiques, tout disparut devant la toute-puissance de la couronne. Mais ce que les rois ne purent pas enlever aux communes, ce furent la richesse, la vraie civilisation et surtout la mémoire des vieilles libertés. Alors le troisième ordre ne fut plus seulement l'ennemi des grands. Quand on réfléchit à toutes les fautes qui se firent dans le tems qu'il s'agissait de constituer les divers rapports pour les balancer mutuellement, les bouleversemens n'étonnent plus. En supprimant les états généraux, on détruisit les barrières légales, et les peuples purent se tromper sur l'étendue de leurs droits.

La prépondérance du tiers une fois établie par tant de causes hors de la puissance des hommes, ses effets furent d'autant plus prompts, que les fictions soumises à son examen ne se soutinrent pas longtems et que rien ne put plus contenir l'esprit humain dans cette fusion des rapports sociaux: car dès que le pouvoir populaire entraina la balance, son principe qui est l'égalité, put facilement s'appliquer aux institutions civiles, et il s'introduisit dans les monarchies une tendance au nivellement, un système d'aplanir, propre à miner les institutions à leurs bases et à faire du corps politique une surface plane sans institutions quelconques.

Tant que les hommes consentaient à être gouvernés sans élever des doutes sur la nature et les droits du pouvoir, l'égalité sociale qui s'introduisit parmi eux, put faire des progrès tranquilles et paraître même à la première vue une oeuvre de la raison et de la justice naturelle, un bienfait du tems dont les avantages étaient réciproques pour les gouvernemens et pour les gouvernés. En effet, le gouvernement devenait plus facile sous les bons princes en ce que débarrassé des entraves féodales, ne rencontrant plus d'opposition, tout le bien possible pouvait se faire; d'un autre côté l'égalité détruisant le privilège, la félicité publique, la prospérité de l'état cessaient d'être, le monopole d'un petit nombre, d'un caste favorisée; elles étaient le partage de tous sans exception, l'état ne formait plus qu'une grande communauté d'hommes unis par des droits égaux, contens d'en jouir, et ne songeant pas encore à élargir la sphère circonscrite de leurs attributions. Mais cette obéissance passive ne devait pas toujours durer; il était impossible, d'abord qu'il ne se fit constamment que du bien, les gouvernemens qui dépendent des circonstances n'étant pas toujours libres de le faire; ensuite que sur une surface toute rase d'où les institutions avaient disparu, deux choses aussi opposées que le trône qui commande et le peuple qui obéit, pussent rester longtems en présence sans s'observer de trop près, et dès lors l'égalité isolant le trône devait bientôt le placer sans défense vis-à-vis d'une majorité populaire qui cherchait à se soustraire au commandement.

Quelques institutions éparses se soutinrent selon les moeurs, le caractère et le degré de lumières des peuples; mais elles ne tenaient plus à rien, c'étaient de belles ruines qui ne rappelaient que des souvenirs, et ces souvenirs aussi allèrent se perdre avec les événemens et les générations dans la masse des intérêts nouveaux et des impressions nouvelles.

Au milieu de cette décadence de l'ordre politique, les rois parurent comprendre quelquefois le danger du nivellement qui découvrait trop le trône. Ils créerent à diverses reprises une noblesse pour relever la royauté, mais la noblesse se fait, on ne la fait pas. Cette noblesse nouvelle était d'imagination, elle fit des courtisans inutiles et rien de plus. Ses membres sans consistance, sans attributions, sans droits politiques et par conséquent sans moyen quelconque de ralliement, ne se distinguant du reste de la nation que par un prestige, un vain nom, loin d'être une barrière contre les envahissemens du tiers, ne furent que l'objet de sa jalousie et de sa haine.. La noblesse militaire dont s'entourèrent les rois n'avait absolument aucune espèce de puissance, on pouvait respecter l'individu, mais on ne respectait pas l'institution, on ne voyait que des hommes où des réalités eussent été nécessaires. Le tems des choses aristocratiques était passé.

Il fallait que la noblesse fut bien déchue, pour que les gouvernemens ne rougirent pas de la vendre, et que les sujets consentirent à l'acheter comme une vile marchandise. Dans quelques états on avait fait de la noblesse un objet de spéculation, une branche de revenu public et d'administration financière. Les titres purent appartenir au plus offrant. Tous les abus imaginables eurent lieu sous ce rapport, et comme le luxe et la richesse ne sont pas toujours le partage de la vertu, ces nouveaux nobles, le devenant à la faveur de biens souvent mal acquis, ne servirent qu'à jeter du blâme et du ridicule sur les choses les plus respectables.

Si la noblesse a perdu tout son prix, c'est qu'on n'estime guère ce qui peut appartenir à tout le monde.

Ailleurs les favoris et les maitresses disposèrent de la noblesse; leurs créatures en furent revêtues, elle devint le prix de la bassesse et des sentimens les plus vils; on ne s'éleva au dessus des autres que pour mieux ramper. L'opinion vengeresse des fautes des gouvernemens ne tarda pas à signaler ces abus, elle en fit une justice éternelle en flétrissant sans retour les hommes et les choses.

„Le principe de la monarchie se corrompt lorsque les marques des premières dignités sont les marques de la première servitude, lorsqu'on ôte aux grands le respect des peuples et qu'on les rend de vils instrumens du pouvoir arbitraire. Il se corrompt encore plus lorsque l'honneur a été mis en contradiction avec les honneurs, et qu'on peut être à la fois couvert d'infamie et de dignités *)."

Ce qui n'a pas peu contribué à maintenir la noblesse anglaise indépendamment de ses soins à conserver une puissance réelle avec la propriété, c'est la juste estime dont l'institution a toujours joui dans l'opinion publique. En Angleterre on ne connut jamais ni ces ridicules droits féodaux, ni cette insolence des grands, ni cet orgueil de caste et cette morgue aristocratique si offensante pour la partie éclairée du peuple, ni surtout ces préférences et ces privilèges injustes qui, dans d'autres monarchies

---

*) Esprit des lois.

ont si longtems accablé la roture, et qui devenaient bien déplacés à mesure que la noblesse se perdait et que la roture s'emparait de tout. Le droit féodal qui en Angleterre donne tout à l'aîné, laisse le second fils et tous les enfans d'un grand dans la petite noblesse étroitement unie à la bonne roture. Ils prennent part avec elle à la législation dans la chambre basse, ils se marient dans le tiers état, ils concourent avec lui pour les places civiles et militaires sans d'autre préférence que celle que donne la capacité. Jamais un lord n'a cru se mésallier en épousant une roturière. Le roi lui même épouserait une de ses sujettes sans heurter les convenances; le mariage morganatique autorisé par les loi d'Allemagne, est inconnu en Angleterre. Henri VIII a pris trois épouses dans la bourgeoisie. Elisabeth fut sur le point d'épouser Lord Leicester, et Jacques II épousa la fille de son chancelier Hyde qu'il fit comte de Clarendon. Deux reines, Elisabeth et Marie filles de roturières, ont occupé le trone d'Angleterre et d'Écosse. La couronne ne s'est point séparée de la noblesse, et la noblesse est restée liée aux communes par des liens indissolubles dans tous les rapports de la vie publique et privée; elle a bien voulu rester corps, mais sans faire sentir à la nation par des procédés odieux la distance qui l'en sépare; elle a conservé ce qui fait aimer la noblesse, l'honneur et la modération qui sont son vrai caractère. Tout se lie dans cet heureux pays, tout s'enchaine et se soutient. Quelle différence de cette noblesse et de la nôtre! Il fallait en Allemagne seize aïeux nobles de père et de mère pour entrer dans un chapître, ce qui n'avait aucun but politique quelconque, et le noble qui épousait une roturière était banni de la société, deshérité, rejeté des siens, traité comme un vil Paria. Dans quelque monarchies les places ont été longtems occupées exclusivement par les nobles au mépris du bon sens, le roturier ne parvenait à rien. Le gentilhomme exempt de la taille, de la conscription militaire, des logemens militaires et d'une foule d'autres charges, n'était tenu qu'à une capitation hors de toute proportion avec les fortunes, et dont on trouvait encore moyen de se libérer par mille moyens illicites. Tout dans quelques pays pesait sur le peuple et le cultivateur. La haine que prit la roture contre la noblesse peut facilement se concevoir, et lorsque les grands eurent tout perdu, lorsque l'institution tomba dans le mépris, il fut facile au tiers de la supplanter, sa vengeance fut complète.

La noblesse abattue ne put se relever; les grandes colonnes du trône ne le soutenant plus, il n'y eut plus au fond dans l'état que deux choses, le prince et le peuple, l'intermédiaire avait disparu, ou ce qui revient au même, n'existait plus qu'en fiction, rien ne put donc empêcher la rencontre, et le frottement de deux forces qui par leur seule nature, devaient se chercher et se combattre sans cesse. Le pouvoir des rois fut longtems le plus. fort, et le calme fut long dans nos monarchies, parce qu'étant armés, les gouvernemens jouissaient d'une supériorité matérielle qui dans le principe semblait ne devoir jamais être révoquée en doute. Toutes les monarchies étaient devenues militaires par raison d'état; les armes les avaient fondées, les armes les conservaient. Après s'être défait de la ligue féodale par des armées d'étrangers qui se vendaient au plus offrant, les rois gardèrent des armées permanentes, et la guerre étant dans la nature, les traités n'étant que des trèves, la tendance des pays continentaux étant de s'augmenter continuellement par des accroissemens de territoire, la politique avait établi partout un vaste système d'attaque et de défense sur lequel la royauté absolue s'appuya. Mais la force physique est une chose qui s'use, et le pouvoir assis sur la force doit s'user avec elle. À mesure que les institutions tombèrent, et que l'état en se décomposant prit un esprit dangereux, comme on ne peut occuper des armées qu'en tems de guerre, et qu'à la paix elles rentrent dans la masse de la nation dont elles sont prises, elles dûrent se ressentir de l'esprit public et prendre à la fin les directions de leurs élémens. Il en coûte de le dire, ce sont des conséquences inévitables: l'esprit d'une armée doit dépendre de l'esprit de la nation, et l'esprit de la nation dépend de son état social. Là où tout se dissout, où les barrières disparaissent, où l'opinion s'égare, où les hommes s'agitent, les meilleures armées seront soumises à des influences pernicieuses. Les institutions militaires du dernier siècle ne purent donc pas être éternelles dans leurs salutaires effets. Dans quelques pays nous avons vu les soldats aider au bouleversement; ailleurs ils n'empêchèrent ni la critique, ni l'examen sévère des lois, ni le doute qui mine le pouvoir, ni les théories et les fausses lumières, ni les progrès toujours croissans de l'opinion démocratique, et plus les monarchies se décomposèrent, moins le pouvoir armé put offrir de garantie. Alors les grands armées furent plutôt une charge pour les gouvernemens qu'un soutien; formées de prolétaires sans propriété, elles nécessitèrent des impôts onéreux, foulèrent le peuple et contribuèrent à le démoraliser. Enfin le pouvoir militaire ne fut pas un contrepoids, parce que tiré de l'élément républicain, dès que ce fut la démocratie qui l'emporta, il ne fut pas à couvert de son esprit.

Plus heureuse et plus sage, l'Angleterre vit le danger et l'évita. L'usage du canon et la nouvelle tactique ayant démontré l'insuffisance des milices féodales, les Anglais durent avoir une armée régulière, mais toujours attentifs, ils s'entourèrent de précautions. L'armée levée et payée par les communes, était dissoute à la paix; sa durée après la guerre était exceptionnelle, il fallait d'une année à l'autre un acte du parlement pour que le souverain restât maître d'une force militaire imposante. Le soldat ne vécut pas seulement dans les camps, il resta dans la nation et la nation ne fut pas chargée de taxes inutilement. Ce fut un beau mouvement dans les Anglais que celui qui les porta à une époque récente, à confier la défense du royaume à leurs propriétaires. Ils évitèrent par là le danger commun des armées mercenaires, et l'armée nationale ne fut dirigée que contre l'ennemi, sans pouvoir l'être contre le prince ou contre la liberté. Cette seule démonstration devait prouver à la France que la nation avait décidé de vaincre ou de périr.

C'est ainsi qu'à travers les événemens et les générations de tant de siècles, l'équilibre de la société a successivement été détruit par l'aplanissement de ses rapports. Le pouvoir populaire ayant franchi la distance qui le séparait encore du trône, se trouva tout à coup vis-à-vis de lui, et la royauté fut abandonnée à ses propres forces devant le corps nombreux de la nation. C'est une chose avérée, et aujourd'hui que la grandeur du mal nous oblige à remonter aux causes pour juger des effets, nous ne saurions avoir le moindre doute à cet égard, les atteintes portées par le pouvoir populaire à ce qui restait encore des débris de la noblesse lorsque rien ne put plus le contenir, ne furent plus dirigées seulement contre cette noblesse impuissante; elles étaient la continuation nécessaire de cet esprit d'empiètement et de conquête qui poussait le peuple à poursuivre ses avantages, elles étaient déja des envahissemens de la royauté dont le terrain dégarni de toutes parts, laissait à la démocratie un accès facile. Après en avoir voulu à la noblesse, et l'avoir terrassée, l'opinion victorieuse commença de fort loin, par un grand détour, à en vouloir à la royauté, sans se rendre compte encore de ce qu'au fond elle voulait, mais par un effet naturel du défaut d'équilibre dans la société; les forces ne se balançaient plus, les courans populaires entrainaient tout lentement devant eux, le trône faiblissait devant un pouvoir plus grand.

Voici en deux mots ce qui s'est passé dans le corps politique.

Après la chute de Rome et l'invasion des barbares, le gouvernement d'un seul fut un besoin pour le peuple conquérant. Le chef de l'armée fut le chef de la nation. Il était élu aux acclamations des soldats qui l'élevaient sur leurs boucliers. Nourris dans les camps, la nation ne connaissait pas d'inauguration plus auguste. Ces gouvernemens furent tous électifs; ils ne devinrent héréditaires que lorsque les grands usurpèrent eux mêmes l'hérédité. La monarchie entourée de fiefs, et grand fief elle même, se gouvernait d'après la loi commune des fiefs. Mais les grands désunis ne cherchant pas à obtenir une liberté régulière et maltraitant le peuple, succombèrent sous les efforts de la royauté unie d'intérêt aux communes. Le gouvernement féodal se relâcha; le pouvoir des rois s'accrût de tout le pouvoir des grands. Il s'arma, et les monarchies devinrent absolues; la féodalité fut réduite à n'être qu'un ordre de l'état soumis au monarque. Mais le progrès des communes, les lumières, la tendance éternelle des rois, la jurisprudence romaine, tout servit à perdre les nobles, et à niveler l'état, ce qui mit en présence les deux pouvoirs longtems amis, mais qui ne devaient pas l'être toujours, du prince et du peuple.

Ainsi dans les états de notre continent où les choses furent mal assises dans l'origine, parce que rien n'y fut légalement réglé, le tems put faire cette révolution que, par l'affaiblissement des corps intermédiaires, la démocratie entra lentement et par degrés dans la monarchie, et ces deux pouvoirs ne pouvant ni s'amalgamer, ni rester égaux en force, la prépondérance de l'un sur l'autre dut conduire à une lutte et à des convulsions. Les fautes furent égales de part et d'autre; la noblesse se perdit elle même, les rois firent l'impossible pour l'aider à se détruire;

il n'y eut que l'élément républicain qui gagnat, tout alla s'abîmer dans le gouffre de la démocratie.

Quand on se permet d'énoncer une opinion sur des matières si graves, la première loi qu'on doive s'imposer est d'être vrai; les complimens sont bien déplacés en politique. Le grand problème, celui de maintenir l'équilibre entre les trois principes, entre la monarchie, l'aristocratie et la démocratie ne fut compris qu'en Angleterre, il fut totalement manqué dans nos pays. Trop d'influences traversèrent nos lois. Que l'on fouille dans les vieilles archives, on verra que le mal qui nous tourmente a en grande partie sa cause dans plus d'une ordonnance émanée du souverain. Ce fut notre législation qui nous décomposa.

Mais tout cela fut commandé par l'impérieuse loi des circonstances. Voisines les unes des autres, nos monarchies furent absolues par nécessité. Obligées sans cesse de se défendre ou d'attaquer pour se défendre, toujours en garde, toujours sur le qui vive, la raison d'état de nos gouvernemens fut d'être forts au dedans pour l'être au dehors: toutes les résistances intérieures durent disparaître, il fallait le despotisme pour assurer l'état que la liberté aurait compromis. On ne réfléchit pas assez à cette position géographique qui cependant a fixé tous les rapports.

Et puis n'oublions pas que le pouvoir absolu a fait notre grandeur, notre indépendance, nos lettres et toute notre histoire. Que serions nous sans lui? Il s'est fait beaucoup de mal, mais ce mal, fut presque toujours nécessaire. Ne songeons plus qu'au bien qui peut se faire encore.

Les grands princes qui nous ont gouvernés n'auraient pas été si grands, s'ils avaient été plus gênés, et nos souvenirs seraient moins beaux si nous avions été plus libres. Le moment le plus brillant d'un peuple est souvent celui où sa législation commence à déchoir.

CHAPITRE VI.

Suite du précédent.

Nous devons rappeler ce que nous avons déjà dit du jeu des forces et des contreforces dans l'état. Toutes les forces tendent à l'unité dans la nature comme dans les corps politiques. Là où une force majeure domine, toutes les autres en sont lentement dévorées. Quand les institutions ne sont plus là pour contenir les hommes, quand toutes les bases sont retirées, quand tout est déplacé, quand tout est confondu, il s'engage entre les forces motrices de l'état une lutte plus ou moins longue, plus ou moins violente selon le caractère des peuples et qui finit toujours par le triomphe de l'une et la défaite de toutes les autres. C'est un fleuve sordant de son lit, attirant a lui toutes les rivières, et ne faisant plus qu'une vaste mer sur laquelle on cherche envain un abri. Ce phénomène est toute l'histoire du corps social : lóngtems balancé tant qu'il y eut des ordres différens, le corps politique perdit son équilibre lorsque toutes ses parties s'enchevêtrant les unes dans les autres, se confondirent et qu'il n'y eut plus de résistance.

Or dans cette décomposition le grand nombre dut l'emporter et le principe de la démocratie étant l'égalité sociale dans toute son étendue, principe subversif de la monarchie qui veut des états, et des droits différens, les suites de la décomposition pour l'ordre politique ne tardèrent pas à se manifester et causèrent de grands ravages.

Quand dans l'organisation sociale tout est dissous, quand la décomposition est arrivée à ce point, et que l'égalité des conditions et des rangs a fait des progrès tels que tout individu se croit appelé à jouir des mêmes prérogatives, et qu'il n'y a plus pour les membres de l'état de sphère limitée de droits et de jouissances, on y voit s'élever dans peu, par le cours ordinaire des passions humaines, un nombre innombrable d'intérêts privés et de tendances particulières dont le conflit perpétuel agitant tout le corps social, prive l'état du repos nécessaire, et met le malaise et l'inquiétude dans toutes ses parties. L'amour du pouvoir, la manie de jouer un rôle, et d'éclipser ses concitoyens, toutes les erreurs de l'ambition et de l'amour propre, et surtout la soif des richesses et la fureur d'acquérir, naissent de ces tendances, et achèvent de désorganiser la société, en y faisant paraître autant de volontés différentes qu'il y a de citoyens. Comme il est impossible que toutes les ambitions soient satisfaites, et que le nombre de celles qui réussissent, est en grande minorité devant celles qui cherchent à réussir, il arrive que ces intérêts se croisent, se heurtent et finissent par se combattre avec acharnement. Tel est le résultat nécessaire du nivellement et de l'égalité des rangs dans un état mis en fusion; toute la masse d'un peuple confondue pêle mêle, s'agite, fermente, déborde et ne connait plus de limites. Dans un état aussi décomposé toute stabilité semble un obstacle, toute fixité devient un abus, et comme la fixité est la base du gouvernement et des institutions civiles, c'est contre l'autorité, c'est contre toute barrière légale que les idées humaines et bientôt toutes les attaques se dirigent. Changer, toujours changer, voilà le cri général, parce que changer c'est déplacer, et qu'en déplaçant des intérêts, chacun espère en secret faire triompher les siens. Dans cette confusion les bonnes lumières qui devraient présider aux réformes, font place aux passions; l'opinion découlant d'une source impure se corrompt ou s'abuse; les partis se forment; l'esprit de parti qui aveugle les hommes les plus éclairés, prend naissance; la haine contre un gouvernement qui résiste, et dont la résistance n'est que la prudence, s'enracine; pressé de jouir, on rejète tout sur l'autorité, on l'accuse de tout sans lui tenir compte de rien: personne n'est content, tout le monde se plaint, on crie aux abus, à la vétusté, à l'arbitraire; les projets, les théories, les romans politiques arrivent à la file; les maximes les plus étrangères, les doctrines les plus opposées sont énoncées comme des vérités incontestables, l'agitation gagne toutes les têtes, le désordre est à son comble, et l'état qui ne peut résister à des secousses aussi continues, se dissout enfin pièce par pièce après une longue et cruelle agonie.

Nous ne pouvons nous cacher que telle n'ait été la situation du corps social en France sous Louis XV et sous son infortuné successeur. C'est à ce pays surtout que nous devons appliquer toutes les considérations précédentes sur les révolutions intérieures des sociétés. En citant toujours la France, nous prétendons seulement citer le pays qui depuis trois cent ans imprime son mouvement à l'Europe. Elle est comme nous l'avons dit, la plus ancienne monarchie; elle a donné le ton à toutes les autres; ce qui s'est fait dans son intérieur, a puissamment réagi sur les états voisins. La France par ses moeurs, ses usages, ses lettres, sera toujours pour l'Europe un miroir dans lequel elle voudra se contempler. Son histoire est le corollaire de nos raisonnemens, tout nous vient de l'Angleterre et de la France.

Des événemens politiques ne contribuèrent

pas peu à bouleverser toutes les idées. Déjà la révolution anglaise de 1689, l'expulsion de toute une famille de rois, l'avènement au trône d'une dynastie étrangère, la déclaration des droits qui constitue la monarchie, et ne laisse aucun doute sur les attributions de la couronne, la restauration d'une sage liberté; le bruit que firent en Europe la loi d'*habeas corpus* et les discussions parlementaires de cette époque, tout avait servi à fixer les regards sur cette Angleterre, dont on enviait le sort, sans au fond se rendre compte des différences de position. L'émancipation des colonies anglaises vint plus tard porter le dernier coup à l'édifice social. La France favorisa ce mouvement, croyant anéantir sa rivale; elle n'y gagna que des tendances républicaines en envoyant ses généraux, ses soldats, ses trésors affermir une république.

Depuis longtems les livres et les philosophes avaient paru*). Si l'on savait combien de cho-

---

*) Une des plus funestes doctrines répandues à cette époque et qui a fait le plus de mal fut celle de Jean Jacques Rousseau. Son contrat social le plus mauvais livre en matière de gouvernement, parut aux reformateurs du tems le chef d'oeuvre de la conception et du génie. Rousseau puisant ses principes dans les écrivains de la république d'Angleterre, est tombé dans la démocratie pure, et n'a pas écrit un mot qui ne fut pour la démocratie. Tout dans cet ouvrage est anarchique: selon lui le souverain c'est le peuple, et il en tire les conclusions les plus absurdes. Cependant longtems avant Rousseau et Voltaire qu'on accuse d'avoir tant contribué à la révolution, des écrivains bien plus populaires et bien plus reses bonnes en théorie sont inapplicables en pratique; parce que la théorie ne sort pas des suppositions qui sont faciles, tandis que la pratique part toujours de choses réelles qui sont souvent au dessus du pouvoir de l'homme, on n'attacherait pas plus de prix à ces doctrines abstraites qu'on n'en donne aux fictions brillantes de la poësie; mais les illusions sont si flatteuses, elles ne coûtent rien, et font tant d'heureux! ce fut le règne des illusions, chacun eut la sienne; ces nouvelles doctrines pleines du poison de l'éloquence et de tout le charme de l'esprit, furent accueillies avec ivresse, et semblèrent des vérités tombées du ciel, dont dépendait toute la félicité humaine.

---

spectés, avaient énoncé les mêmes doctrines dans des termes bien plus forts et plus propres que les doctrines philosophiques à agir sur la multitude. Bossuet dans sa politique tirée de l'écriture sainte, est plein de la souveraineté du peuple. Fénélon dans ses directions pour la conscience d'un roi, (direction 36. p. 65.) s'exprime ainsi. „C'est un contrat fait avec les peuples pour les rendre vos sujets, commencerez vous par violer votre titre fondamental? Ils ne vous doivent l'obéissance que suivant ce contrat, et si vous le violez vous ne méritez plus qu'ils l'observent." Massillon dans son petit carême lequel est entre les mains de tout le monde, est encore plus positif. „Déclarant au roi qu'il ne doit son pouvoir qu'au choix du peuple, il ajoute, en un mot comme leur puissance vient de nous ils n'en doivent faire usage que pour nous;" ces idées étaient déja toutes populaires lorsque les parlemens réussirent à faire convoquer les états généraux, et il n'est pas étonnant qu'elles aient été reproduites avec complaisance par le tiers état s'appuyant d'autorités si respectables.

Rien ne fait mieux voir à quel point une opinion corrompue peut s'abuser sur les conditions de l'état social, que la trop fameuse déclaration des droits de l'homme émise par le pouvoir populaire en France avec une imprudence et un aveuglement sans exemple. Elle soutenait la fausse et dangereuse maxime que tous les hommes naissent et demeurent libres et égaux en droits. Aussitôt la lie du peuple fut en mouvement, le portefaix se crut l'égal du gentilhomme. Le mot de droit, comme nous l'avons remarqué, n'a aucune signification, s'il ne désigne pas clairement ce qui appartient à chacun. Suivant les préceptes de la justice naturelle, il n'appartient à chacun que ce qui ne nuit pas à autrui. A plus forte raison dans l'état de société ne peut on réclamer légitimement que ce qui se concilie avec l'ordre public et le bien général; mais le maintien de l'ordre public exige une diversité de prérogatives et de droits, il exige même dans une monarchie une diversité de droits attachés à la naissance, car on ne saurait dire que les membres d'une famille destinée à porter la couronne, naissent les égaux d'un simple particulier. Cette cruelle erreur reçue avec transport par la majorité populaire, a fait tous les malheurs de la France; elle ôta la majesté au souverain, et le confondant avec les citoyens, ne laissa à la royauté que l'apparence d'une simple magistrature dont l'hérédité même ne fut pas jugée nécessaire.

Chapitre VI.

Cependant quelque grande que fut dans la société européenne, cette décomposition née du tems et des événemens, ses ravages auraient été moins funestes, et il aurait été facile de s'en garantir, si de nombreux abus inséparables de la vétusté, n'avaient pendant un si long tems heurté toutes les opinions. C'est dans le maintien de ces abus contre toutes les règles du droit et de la prudence, qu'il faut chercher la seconde cause de tout le mal qui s'est fait en Europe. Ce n'était pas assez d'une entière désorganisation, il fallait encore pour combler tous les maux, le fléau de l'oppression.

Ce qui nous parait vicieux aujourd'hui, ne l'a pas toujours été. Telle institution que l'esprit public rejète, a été bonne et suffisante dans l'origine. Les choses politiques ne deviennent vicieuses, que lorsque leur tems est passé, c'est à dire lorsque de nouveau besoins et de nouveaux intérêts sont nés, et que la grande majorité élève la voix pour décrier ce qui ne va plus au tems. Or comme rien de ce qui est vicieux ne peut durer, et que tout dans la nature tend à se mettre à sa véritable place, de vieux abus veulent être supprimés, d'anciennes institutions remplacées par de nouvelles. La société européenne avait entièrement changé de face depuis le 17me siècle, elle demandait impérieusement de nouveaux principes de gouvernement; à raison des intérêts nouveaux nés des changemens intérieurs. Les nations avaient atteint un développement prodigieux. Le tiers état qui en fait toute la force, réclamait en retour de ses services et de son utilité, des droits qu'on s'obstina trop longtems à méconnaître et à lui refuser. „Une révolution silencieuse dans le monde moral devança la révolution politique et la prépara. Il n'était plus question des grands et de la populace. Les classes mitoyennes s'étaient accrûes bien au delà de leur ancienne proportion. Comme tout ce qui est effectivement riche est grand dans la société, ces classes devinrent le siège de la politique active et le poids prépondérant pour en décider. Là se trouvaient toute l'énergie qui fait acquérir la fortune et tous les succès qui en proviennent: là se faisaient remarquer tous les talens avec l'impatience de monter au rang que la société leur assigne; ces hommes nouveaux s'interposaient entre les nobles et les classes inférieures et agissaient presque seuls sur elles; ils sentaient l'importance de leur position*)." Mais beaucoup de gouvernemens ne comprirent pas la nécessité de s'accommoder au tems; le tems marcha, les gouvernemens restèrent en arrière; ce furent des traîneurs qui tombèrent au pouvoir de l'ennemi. Plus la puissance du tiers s'accrût, plus ses prétentions augmentèrent; plus on le maltraita, plus il fut redoutable. Que

---

*) Burke, lettres sur la révolution française.

dans beaucoup de monarchies des fictions voulussent des privilèges; qu'une noblesse abattue, déconsidérée et cependant impérieuse et jalouse, s'exemptât des charges publiques pour les faire peser sur le peuple et le cultivateur; que le clergé malgré son voeu d'humilité et de pauvreté, cumulât le pouvoir et la richesse aux dépens de la nation; que quelques gouvernemens allarmés de progrès de la roture, voulussent maintenir des lois féodales, lorsqu'il n'existait plus de féodalité et qu'il était impossible de gouverner les hommes comme au 15me siècle; que la croyance religieuse décidât de la condition civile, et que dans des pays catholiques de nombreux protestans, restassent étrangers à la commune patrie, rien assurément n'était plus propre a mécontenter l'opinion et à indisposer les classes inférieures contre l'autorité*). Elles se prononcèrent de toutes parts contre ces abus qui étaient réels, et saisirent l'occasion pour sévir contre d'autres qui l'étaient moins. Au point

---

*) Les franchises de la noblesse avaient été dans le principe un dédommagement nécessaire des services personnels auxquels elle était tenue envers le souverain en tems de guerre. Des hommes toujours appelés à se battre et à fournir au prince un contingent de troupes équipés aux frais du seigneur, devaient jouir de quelques avantages. Mais la constitution militaire ayant changé, les services personnels ayant cessés, le privilège devenait une monstruosité. La partie militaire retombant sur le peuple, c'était lui qu'il fallait soulager et non la noblesse.

où les choses étaient venues, toute la force d'action ayant passé au pouvoir qui de sa nature est incapable de se modérer, un examen froid, calme, réfléchi, était impossible, on vit tout avec passion et l'on vit beaucoup plus de mal qu'il n'en existait réellement. Tout fut un abus, tout ce qui était ancien fut proscrit; alors au lieu de réparer prudemment les brèches d'un édifice vermoulu, ce qui eut été facile, on voulut tout renverser pour bâtir sur un plan nouveau; mais on oublia qu'en détruisant tout, on se privait de ses matériaux et qu'on allait tomber dans les plus grands embarras.

L'état des choses que nous venons de signaler, ne fut pas particulier à telle ou telle monarchie; il appartint au fond à toutes, soumises sans exception aux lois du tems, aux mêmes causes, aux mêmes effets. La dissolution fut générale parce qu'elle eut une cause générale, et que partout excepté en Angleterre, les mêmes fautes furent commises, les mêmes vices d'organisation eurent lieu. Si l'explosion ne fut pas simultanée, si les effets se manifestèrent différemment, si la décomposition varia dans ses résultats, cela ne s'est dû qu'à la différence des moeurs, des habitudes du caractère des peuples et des localités; car toutes les monarchies souffrant du même mal, sentaient au 18me siècle le besoin d'une bonne recomposition. Quelques unes réformèrent prudemment au sein de la paix, mais toutes ne furent pas si heureusement placées.

Le grand mouvement de l'Europe commença par la France. Cette monarchie était la plus ancienne, la plus vieillie, la plus décomposée, celle où le gouvernement par une fatalité déplorable, avait laissé subsister le plus d'abus. Ce fut le combat à outrance de la monarchie et de la démocratie. La monarchie dut périr, comme elle avait péri en Angleterre, par les mêmes effets des mêmes causes; le principe républicain prévalut dès que la royauté fut aux prises avec les communes.

On s'étonne que la noblesse française si riche en héros et en grands hommes, et qui offre encore aujourd'hui de si beaux noms auxquels se rattachent de si beaux souvenirs, ait pu si facilement être abattue; mais la cause n'en semble pas difficile à trouver. La France n'eut jamais à aucune époque de la monarchie un corps de noblesse constitué qui pût s'observer sans cesse comme la pairie en Angleterre. En devenant noble on n'entroit pas dans un corps revêtu de fonctions politiques. Aux anciens états du royaume l'ordre de la noblesse n'était pas la représentation des nobles de naissance, c'était celle des propriétaires de fiefs. Or les roturiers avaient été longtems en possession du droit d'acquérir les fiefs; ils obtenaient même dans les premiers tems par l'acquisition des terres nobles la noblesses et toutes ses franchises. Cet envahissement de la roture fut formellement sanctionné sous Louis XII, au commencement du 16me siècle, le chancelier Duprat ayant introduit la maxime: point de terre sans seigneur. Alors les roturiers obtenaient le droit de siéger avec la noblesse, et les nobles demeurant sur leurs terres tenues en censive, pouvaient siéger avec les députés des villes. Cette organisation défectueuse confondait la noblesse et la bourgeoisie, et ne constituait pas les divers corps de l'état. Ce ne fut qu'un 1579, un demi siècle tout au plus avant l'entière suppression des états généraux, que par l'édit de Blois on statua que la terre ne ferait plus le seigneur, et qu'un roturier propriétaire d'un fief resterait dans la roture. On alla plus loin, on défendit par des ordonnances aux roturiers d'acquérir des terres seigneuriales, mais dans la défense il n'était question que d'achât, les roturiers continuèrent d'acquérir des terres nobles par cession, héritage, donation ou autrement, et la loi fut constamment éludée au détriment de la noblesse de naissance. On voulut encore sous Henri IV, rémédier à un autre abus. Anciennement la profession des armes ennoblissait celui qui l'exerçait. La couronne cherchant à se rendre indépendante des grands vassaux pour l'état militaire, il fallait bien encourager par quelque distinction, les citoyens à entrer dans l'armée, et y attacher quelque avantage. Depuis Louis XII tous les hommes d'armes, c'est-à-dire tous ceux qui composaient les compagnies d'ordonnance, étaient gentilshommes. Il suffissait pour être réputé tel qu'un homme né dans le tiers état fît profession des armes sans exercer aucun autre emploi. Un homme extrait de race noble et le premier noble de sa race s'appelaient également gentilshommes de nom et d'armes. Cette noblesse ainsi acquise, fut supprimée en 1600, mais la loi n'ayant pas d'effet rétroactif, les roturiers qui avaient pris un titre le conservèrent. Formée de toutes sortes d'élémens, la noblesse française ne s'épura pas comme au 14me siècle la noblesse anglaise, qui se dégagea de son superflu, et ne conserva que sa quintessence. En 1371 Charles V avait donné la noblesse à tous les bourgeois de Paris. Depuis 1614 où les états du royaume furent convoqués pour la dernière fois, la nation n'étant plus représentée, les classifications politiques de tout tems faiblement établies, perdirent toute leur valeur, et les rangs se confondirent plus que jamais. L'aristocratie ne forme plus qu'une noblesse de cour brillante d'esprit, de lumières, d'héroisme, mais sans consistance, sans destination, uniquement occupée du soin de complaire au souverain, et de se disputer ses faveurs. Les ennoblissemens qui dans l'origine avaient eu pour but de briser la féodalité en lui opposant une noblesse nouvelle d'une tendance différente, furent bientôt portés à un excès qui fit perdre à l'institution la force de concentration et tous les avantages qu'elle nobtient qu'en demeurant fort limitée. Il y eut de grands abus sous ce rapport, la noblesse donnait et se vendait sans discernement. En 1696 sous Louis XIV le contrôleur des finances Ponchartrain vendit les titres de noblesse pour subvenir aux besoins de l'état; on devenait noble moyennant deux mille écus. Cinq cent personnes se présentèrent: la ressource fut insignifiante, le mal irréparable. Ces lettres de noblesse énonçaient des services rendus par l'impétrant, et comme le nom restait en blanc, c'était une véritable noblesse au porteur. La roture étant exclue des emplois publics, on se hâtait d'acheter un patente de noble ou un office qui donnait la noblesse. Toutes les charges parlementaires rendaient noble; le premier huissier de la grande Chambre était censé gentilhomme; on avait pensé que ceux qui jugeaient les grands, devaient sortir de la bourgeoisie. Ce fut une autre noblesse que celle de naissance, mais celle ci fut éclipsée par le talent. À mesure que les liens aristocratiques s'étendirent, ils se retachèrent. On comptait dans la monarchie jusqu'à quatre mille offices qui donnaient la noblesse soit par la simple collation, soit après une prescription de vingt ans. Celui qui mourait dans l'exercice d'une de ces charges, était noble lui et sa postérité. Il était permis après vingt ans d'exercice de vendre sa charge, et la noblesse se transmettait de même à l'acheteur après la prescription. Ainsi l'on devenait gentilhomme par soi même et pour son argent sans qu'il fut besoin du consentement du prince, disposition vicieuse qui chez un peuple assez ami des honneurs devait passer toutes les bornes. C'est la ce qui explique cette multitude de gentilshommes qu'on voyait autrefois en France où sur cinq personnes on était sûr d'en trouver deux qui prenaient un titre qu'elles avaient acquis de cette manière. La noblesse non seulement n'avait pas été une institution politique, elle dégénéra encore au point de n'être qu'une affaire d'amour propre. Ce fut cette facilité à sortir de son rang, qui perdit les moeurs. Dès qu'on put acheter ce qui ne doit jamais se vendre, tous les moyens furent bons pour acquérir la richesse. L'envie des pauvres suivit les progrès des riches; ceux qui n'avaient pas les moyens d'acheter la noblesse, pour s'en consoler, la tournaient en ridicule et la discréditaient. La rivalité, l'ambition, l'envie divisèrent la grande famille, il n'y eut ni harmonie, ni lien entre tant d'interêts. Dans aucun pays on ne connut moins le prix de la fixité. Un grand nombre de majorats et de fidéicommis avait été conservé il est vrai, surtout dans les provinces coutumières, car dans celles de droit écrit où la primogéniture n'avait pas été reçue, le nivellement était achevé *), mais la mauvaise organisation de ces majorats, les servitudes, les corvées, l'oppression des vassaux avaient fait détester l'institution qui ne reposait sur rien, n'étant pour rien dans le gouvernement. Ces majorats n'avaient aucun but d'utilité commune; on les traita d'abus, et l'opinion les réprouva, comme elle réprouvera toujours ce qui au jugement de la multitude ne sert pas à quelque chose. La noblesse française déjà dissoute avant la révolution, fut supprimée sans résistance dans le grand mouvement national. Il ne resta aux nobles qu'à fuir dans une terre étrangère pour sauver au moins la vie après avoir tout perdu. Ceux qui ne le purent pas ou périrent, ou entrèrent dans le corps du peuple; ce fut le triomphe le plus complet de la démocratie et des causes qui depuis si longtems préparaient en France le nivellement. C'est surtout à la noblesse française sous les

---

*) Dans les provinces de droit écrit les fiefs se succédaient comme les autres biens, dans celles de coutume l'usage variait. On comptait en France soixante coutumes générales et plus de cent trente coutumes particulières, mais la règle assez générale pour les fiefs était que l'aîné mâle en ligne directe avait le préciput et la part avantageuse qui consistait dans les deux tiers lorsqu'il n'y avait que deux enfans, et dans la moitié seulement lorsqu'il y en avait plus de deux. La primogéniture féodale qui donne tout à l'aîné, avait cessé d'exister en France avec le gouvernement féodal lorsque les terres furent des objets de commerce, et appartinrent plus aux lois civiles qu'aux lois politiques.

CHAPITRE VI.

anciens règnes que l'on peut reprocher les fautes dont nous avons fait mention. La France avait le gouvernement féodal comme l'Angleterre, mais au lieu de le conserver dans ce qu'il avait d'utile pour la balance des pouvoirs, elle ne sut en conserver que les abus, et loin de le maintenir en le faisant aimer, la noblesse fut l'impossible pour le charger de toute la haine de la nation*). Les grands s'isolant du peuple furent les victimes de leur imprudence, ils succombèrent sous les efforts du prince; la décomposition qui en résulta, frayant le chemin à la roture, la nation tomba lentement dans la démocratie,

---

*) En France la noblesse et le clergé ne contribuaient aux impôts que pour une part fort modique; les nobles anciens et nouveaux étaient exempts de la taille ou impôt foncier, de la conscription militaire, des logemens militaires, et d'une foule d'autres charges. La capitation ou impôt sur les fortunes à laquelle ils étaient soumis, était peu considérable en comparaison de l'impôt foncier qu'ils ne payaient pas, et comme la noblesse et le clergé, y compris quelques ordres ecclésiastiques tels que Malthe et St. Lazare, etc. etc. possédaient encore près de la moitié des terres du royaume, et y exerçaient de plus une juridiction indépendante à laquelle se rattachaient mille droits vexatoires, il est facile de juger à quel point l'impôt devait peser sur le peuple et sur les propriétaires non nobles. Quelle différence en Angleterre, où les grands soumis à toute la rigueur de l'impôt, loin d'écraser la roture, cherchaient au contraire par tous les moyens possibles à la soulager, et s'étaient fait une loi sacrée de la mettre à couvert des vexations. De ce vice d'organisation datent en France la haine contre la noblesse et l'aversion que la nation aura toujours pour tout ce qui pourrait rappeler la féodalité et le poids insupportable des anciens tems.

et cette prépondérance de l'élément démocratique qui fut le levier de la révolution, étant sans remède, sera pour longtems encore la source de tous les dangers et de tous les embarras nombreux du gouvernement.

Ne reprochons pas à la France sa révolution; elle était devenue inévitable au point où les choses avaient été laissées. Cette mémorable époque de l'histoire, si décisive pour le corps social européen, veut être jugée froidement et sans prévention. On ne saurait assez le dire; les révolutions ne sont pas d'un jour, elles naissent d'une cause profonde qui n'est pas du moment; elles sont longtems préparées d'avance par des antécédens dont on perd trop souvent la mémoire. On les juge d'ordinaire superficiellement parce qu'on ne s'attache qu'aux conséquences, et que la subversion qu'elles entraînent, le déplacement d'intérêts qu'elles occasionnent et la terreur qui les accompagne sont tels, que le présent seul occupe, et que le passé perd tout son prix. Si l'on examinait sans esprit du parti toutes les révolutions politiques du globe, on verrait qu'elles remontent toutes aux anciens tems, que leur principe existait longtems avant qu'elles n'éclatassent, qu'elles sont toutes historiques et se rattachent par des ramifications infinies à une multitude de causes faibles dans l'isolement, mais dont l'ensemble a du les décider. Alors au lieu de les attribuer à l'influence pernicieuse de quelques factions passagères et de l'esprit de parti du moment, on les mettrait sur le compte du tems qui n'épargne rien, qui mine les sociétés, qui en altère les bases et qui finit par les renverser lorsqu'elles ne sont plus suffisamment soutenues.

Longtems avant la révolution tout en France était dissous, il n'existait plus rien. Le tems avait agi sur cette antique monarchie qui n'avait jamais joui d'une constitution proprement dite, ni par conséquent de beaucoup de fixité. Ceux qui disent que le gouvernement de France était mixte se trompent, puisque les états généraux n'ont toujours eu que l'autorité qu'il plaisait au roi de leur accorder et qu'il la leur ôtait dès qu'il le jugeait à propos. Un gouvernement n'est mixte que lorsque ceux qui ont l'autorité l'exercent de leur chef, et que le droit dont ils jouissent leur appartient indépendamment de la volonté du prince, ce qui ne fut jamais le cas en France. D'ailleurs il n'y eut point de loi qui dit qu'il y aurait des états, leur existence fut toujours problématique et ils ne furent pas toujours des états proprement dits. Ceux de Paris sous Henri II, ceux de Rouen sous Henri IV et d'autres encore ont été de véritables assemblées nationales où toutes les conditions étaient mêlées. Dans quelque traités avec les grands le roi promettait de convoquer les états généraux, mais la promesse était rarement tenue. Leurs attributions devaient encore être bien restreintes, car jusqu'à ceux de 1614 qui furent les derniers, quel bien durable ont-ils fait, quel mal ont-ils empêché. Ce n'est pas là ce qu'on peut appeler une Constitution. La monarchie ne fut pas constituée: elle se forma comme nous l'avons exposé à la tête de ce chapître, en se rendant héréditaire lorsque les grands usurpèrent leurs titres, et en élevant la puissance absolue sur les décombres de la féodalité. C'est à ce vague dans le gouvernement, à ce défaut d'une loi fondamentale qui classât les différens rapports et les différens droits qu'il faut attribuer sans doute les troubles qui agitèrent la monarchie presque sans interruption depuis Hugues Capet jusqu'à Louis XIV. Ce fut un combat à mort entre le roi et les grands. Les grands avaient usurpé, la couronne forte de l'assentiment du peuple, cherchait à ressaisir son ancien pouvoir. Les guerres dites de religion, furent des guerres politiques entre le monarque et les vassaux auxquelles des deux parts on fit servir le fanatisme, et ce n'était pas la liberté qu'on voulait dans ces guerres, il s'agissait seulement de savoir si l'on obéirait au Roi ou aux Guises. Enfin la guerre de la fronde fut le dernier soupir de la féodalité expirante, la couronne sortit victorieuse d'une lutte qui avait duré près de huit cent ans. Deux grands hommes, Richelieu et Mazarin, voulant achever de détruire l'influence de la grande noblesse dans les provinces, l'attirèrent à la cour où elle put se ruiner à son aise. Tout en France prit un aspect différent. Le beau règne de Louis XIV, le luxe, le faste, les prodigalités de la cour, les victoires, les conquêtes, les grandes armées, furent autant d'écueils où se brisa le corps aristocratique. Cela put aller quelque tems, mais cela ne put pas durer toujours, car comme une grande monarchie ne peut pas se soutenir sans contrepoids, et que les parlemens fort respectables comme corps de judicature le furent peu comme corps politiques*), tantôt nuls, tantôt factieux, il se trouva que la puissance absolue dépendant des personnes, soumise à toutes les variations des individus, ne renfermait pas dans elle même la cause suffisante de sa durée, et faute de bonne base ne fut pas longtems à couvert des secousses du tems. Lorsque Louis XIV, dans tout le sentiment de sa gloire, disait „l'état c'est moi" il

---

*) Ce que l'on a prétendu du droit des parlemens de consentir et d'enrégistrer les édits de finance, est un erreur; ils avaient usurpé ce droit sur les états généraux, il ne leur fut jamais donné par une concession royale; d'ailleurs les états généraux n'avaient eux mêmes que le droit de remontrance et de très humble supplication, et les prétentions des parlemens furent toujours aux yeux du prince une résistance illégale, à laquelle il savait mettre fin soit par des lettres de jussion, soit en les exilant à l'autre bout du royaume. Il ne serait pas impossible de prouver que l'esprit de ces corps a favorisé en France l'esprit de parti et les idées de résistance au gouvernement et de souveraineté populaire.

parlait plus en monarque guerrier qu'en législateur, car après lui, le prestige de grandeur qui avait fait la beauté de son règne ayant disparu, la royauté absolue fut laissée à son isolement devant le gros de la nation, et comme elle fut à découvert, la multitude l'examina de près et la jugea sévèrement. Si Richelieu et Mazarin avaient pu prévoir qu'en détruisant la noblesse pour affermir la royauté contre les grands, ils ne travaillaient au fond que pour les communes, et qu'en élevant celles-ci outre mesure par l'abaissement des nobles, elles renverseraient un jour toutes les barrières, ils se seraient sans doute contentés de réprimer la noblesse sans détruire de fond en comble l'institution. Les fautes de Henri VII d'Angleterre dont les suites s'annonçaient alors d'une manière si effrayante auraient pu leur servir de leçon. Mais il n'est pas dans les hommes de s'occuper d'un mal futur quand il s'agit de détruire un mal présent, et les progrès de la démocratie anglaise masqués par quelques règnes brillans, pouvaient encore échapper au génie le plus clairvoyant dans un tems où la royauté luttait contre les nobles et où rien encore n'indiquait en France la république. On peut faire ce rapprochement sans dénaturer les faits. Louis XIII et Louis XIV gênés par les grands, se sont trouvés dans la position où se vit Henri VII: ils firent les mêmes fautes pour remédier aux mêmes inconvéniens et quoique les ayant faites différemment obtinrent les mêmes résultats. Il est permis de croire qu'alors la révolution d'Angleterre fut jugée en France comme on jugea longtems en Europe la révolution française dans laquelle on ne vit que l'oeuvre de quelques conspirateurs. Ces deux grands événemens furent préparés de fort loin par la même cause: seulement les choses allèrent plus vîte en France parce qu'il suffisait d'un léger choc pour renverser des institutions affaiblies. Si après les guerres civiles et sous la minorité de Louis XIV on avait constitué la monarchie, ce qui n'était pas impossible; si par une loi fondamentale on s'était appliqué à préciser les droits de la couronne, ceux de la noblesse et ceux du peuple, la monarchie n'aurait pas péri, et l'Europe aujourd'hui jouirait d'une sage liberté à l'ombre de bonnes lois. Mais les guerres civiles avaient fait tant de ravages, et la France était si malheureuse que l'on crut devoir couper le mal à la racine en perdant la noblesse que l'on regardait, non sans droit, comme l'auteur de tous les maux. Rien ne fut défini, rien ne fut constitué, tout resta dans le vague et la machine politique se décomposa. La révolution fut prévue et prédite par le grand Frédéric*) dont le coup d'oeuil juste et sûr vit sans peine qu'un état assis sur des fondemens si caduques péri-

---

*) *Voy.* surtout sa correspondance avec Voltaire et d'Alembert.

rait, s'il ne cherchait à se rajeunir par des institutions nouvelles qui pussent mettre en harmonie tant de rapports nouveaux et combiner des intérêts nombreux dont le conflit menaçait d'un bouleversement. Les premiers symptômes de l'esprit de réforme se manifestèrent sous la régence, à peine Louis XIV avait-il fermé les yeux; il traversa le règne de Louis XV sous lequel la décomposition fut à son comble, et il éclata enfin avec violence sous son successeur. Cet esprit prit une fausse direction par une cause toute simple; les grandes institutions se trouvant depuis longtems abattues, la noblesse étant trop faible, et le pouvoir populaire entraînant la balance, ce fut ce pouvoir qui demanda le plus instamment la réforme*) et qui nécessairement la demanda dans le sens qui lui est propre. Tout dans la réforme fut démocratique, le tiers l'emporta dans toutes les discussions, la monarchie croula de toutes parts. Le trône n'étant plus soutenu, se vit contraint de céder toujours; la réforme échappa des mains du prince pour passer dans celles du peuple qui devint souverain par la même raison qui auparavant avait facilité la puissance absolue du prince, par le défaut de contrepoids. La nation passa d'un

---

*) Quest ce que le tiers? — Tout. Qu'a-t-il été jusqu'à présent dans l'ordre politique? — Rien; Que demande-t-il? À être quelque chose. Ces mémorables paroles de Sieyes expliquent toute la révolution.

extrême à l'autre sans atteindre à la liberté qu'elle cherchait. Une fois remise au pouvoir populaire, la réforme nécessaire que tout le monde désirait, traversa tous les degrés d'échelle sociale, jusqu'à ce qu'enfin elle tomba dans la plus vile populace; alors elle dégénéra en une affreuse anarchie, et ce qui est bien important, ce ne fut pas seulement la monarchie qui périt, ce fut encore tout le corps politique, ce qui fit du despotisme une chose facile et sera toujours un obstacle à l'établissement de la vraie liberté, peut-être même de toute forme durable. En Angleterre un grand crime put se commettre mais les institutions résistèrent et rétablirent la monarchie avec la liberté. En France il a fallu pour rétablir la monarchie sur des bases légitimes, le concours des plus étranges circonstances, et la monarchie nouvelle n'ayant pu relever ce que le tems et la révolution avaient détruit, la France au retour de ses rois, n'a pû se constituer qu'avec ce qu'elle possédait, c'est à dire fort imparfaitement.

Ainsi le principe d'une réforme dans ce beau pays, principe inévitable parce qu'il avait sa source dans l'état même du corps social, est fort indépendant de la manière dont la réforme s'est opérée. La réforme était nécessaire, elle a seulement été mal faite, ce qui a tenu d'abord au caractère de la nation qui, comme toutes celles du midi, est trop pressée de jouir et ne

sait pas attendre, ensuite, nous osons le dire,
a beaucoup d'ignorance des vrais principes d'une
bonne législation. Quoiqu'on eut la Grande-Bretagne à deux pas, on la connaissait peu, et ceux
qui s'occupaient de politique, méprisant toutes
les expériences et se laissant aller à l'antipathie
nationale contre tout ce qui venait de l'Angleterre, avaient donné tête baissée dans les théories spéculatives du jour et dans de prétendues
idées philosophiques tout à fait inadmissibles
dans l'état civil. Il en résulta beaucoup d'erreurs, l'erreur enfanta la passion et la timide
raison fut forcée au silence. Il faut donc pour
bien juger la révolution française, établir une
distinction entre son principe et le mode de son
exécution, l'un n'a rien de commun avec l'autre,
et ceux qui n'ont vu et ne voient encore dans
ce grand événement que l'oeuvre des factions,
prennent les acteurs pour la pièce et porteront
toujours sur les affaires de la France et de
l'Europe un faux jugement. Le principe existait
longtems avant les factions: celles-ci ne sont
venues qu'à la suite de la décadence des institutions, lorsque tous les rapports se confondirent et que les intérêts les plus opposés furent
mis en présence. Ce n'est pas outrer les choses
que de rapporter la première cause du bouleversement aux fautes des grands sous les anciens
règnes et à tout ce qui s'est fait en France
comme en Europe en matière de jurisprudence,

pour détruire de fond en comble le corps aristocratique, l'intermédiaire qui devait d'une main forte assurer l'équilibre des pouvoirs. L'esprit de parti, les théories, les fausses lumières qui ont tant contribué à tout perdre, naquirent du nivellement, et le nivellement a été préparé par cinq siècles de fautes et d'événemens. Les philosophes et les réformateurs n'auraient jamais fait la révolution si elle n'avait eu une cause profonde indépendante de certains hommes; c'est leur faire trop d'honneur de tout mettre sur leur compte. L'Angleterre depuis près d'un siècle a ses méthodistes, ses philosophes, ses radicaux, qu'y peuvent-ils? — rien, parce qu'en Angleterre les institutions subsistent, et empêchant le nivellement, empêchent aussi toutes les conséquences de la décomposition.

Un homme extraordinaire parut, qui s'emparant de la révolution pour son compte, et ne pouvant pas s'accommoder de l'idée généreuse d'une sage liberté, dut asseoir son existence sur le despotisme des gouvernemens d'Asie. Bonaparte dont le droit ne pouvait s'établir qu'après qu'il aurait détruit tous les droits autour de lui, réussit à comprimer l'esprit réformateur du siècle en France et en Europe par une organisation toute militaire dans l'une et par d'interminables guerres dans l'autre. C'est ce qui lui faisait dire avec quelque apparence de raison, qu'en s'emparant de la révolution chez lui et chez les autres, il avait un titre à la reconnaissance des rois. Mais le despotisme reposant sur la force, et la force étant d'accident, le règne de Bonaparte ne fut dans le cours de la révolution qu'un brillant épisode; l'homme tombe, et l'esprit des révolutions reparait après sa chute. Il reparaît avec d'autant plus de violence que la tyrannie a été trop courte pour avoir pu rebâtir un édifice solide, et que les guerres, les déplacemens, les intérêts nouveaux, les prétentions anciennes, les malheurs publics et privés, l'aisance et la misère ont amené partout en Europe une épouvantable confusion.

Depuis la restauration la France s'est constituée, elle a enfin une forme bien définie de gouvernement; mais est elle au terme de ses longues agitations? Privée d'un corps de noblesse, sans primogéniture, sans substitutions, sans grande propriété, n'ayant pour séparer le pouvoir suprême du pouvoir populaire qu'une pairie nominale, la France avec son immense tiers état et son amour pour l'égalité des rangs, ne doit-elle pas craindre l'ascendant des communes, et son gouvernement n'incline-t-il pas naturellement vers la démocratie? Il est bien permis de se le demander quand on a médité sur l'histoire. Loin de nous l'idée d'inspirer d'inutiles frayeurs. Les abus qui soulevèrent l'opinion n'existent plus, et il est aussi impossible de les reproduire que de faire remonter les fleuves à leur source; mais le niveau a passé sur les rapports, la fusion est achevée, et la royauté seule au milieu de la république, n'a pour soutien que l'amour des sujets, de grandes vertus, de grands talens, choses fort respectables mais passagères, et qui ne mettent pas la société à l'abri des secousses.

On a dit dans le tems que la révolution française ferait le tour de l'Europe, et cette prédiction est d'un homme qui a bien jugé le corps social. En effet, les causes qui déterminèrent le mouvement de la France, appartiennent à l'Europe, le nivellement est général, l'élément démocratique prévaut partout, partout les monarchies s'agitent dans le conflit d'intérêts nouveaux nés de la fusion et du changement total des rapports. On devrait appeler la révolution française la révolution de l'Europe et du monde, car comme la réforme religieuse au seizième siècle, qui n'avait été que l'explosion d'opinions depuis longtems établies auxquelles il ne manquait que l'occasion pour éclater, de même la révolution de France produite par des causes générales, ne fut au fond pour l'Europe que le signal de toutes les révolutions subséquentes, de celles qui ont eu lieu et de celles qui se préparent encore sous quelque forme qu'elles puissent se manifester. Nous entendons ici par révolutions des réformes dans l'ordre politique et législatif des états. Que ces réformes se fassent à la suite de secousses violentes par les peuples, qu'elles se fassent tranquillement par les gouvernemens sages qui marchent avec le tems, toujours est-il certain qu'elles ont leur source et leur cause première dans la désorganisation générale des sociétés et dans le besoin pressant d'y porter remède. La révolution française entée sur celle d'Angleterre, est aujourd'hui le prototype de toutes les révolutions. Elle a fait à l'Europe le grand mal d'accélérer de beaucoup son mouvement, mais d'un autre côté ses égaremens même sont d'utiles leçons, et si ces leçons semblent perdues pour quelques peuples qui veulent se lancer sans réflexion dans l'obscur avenir, elles ne le seront pas pour les gouvernemens sages auxquels la révolution indique à la fois le danger de l'état stationnaire et celui non moins grand des changemens précipités. Puissent les gouvernemens au sein d'une paix profonde, à la faveur du pacte saint qui a fait tous les miracles de nos jours, réfléchir aux causes qui ont bouleversé la France; ils trouveront dans cet examen, et la nature du mal qui tourmente l'Europe et le remède à son agitation. Puissent surtout les peuples s'en remettre avec confiance à leurs gouvernemens, et se pénétrer de cette maxime, que ce n'est pas en usurpant des droits qu'on s'en assure la jouissance.

Enfin sans pousser plus loin nos recherches, et pour préciser exactement la différence qui existe sous le rapport politique entre l'Angleterre et les autres monarchies d'Europe, nous dirons, qu'en Angleterre c'est la noblesse qui a voulu la liberté, qui l'a faite et qui la conserve, et que dans nos états ce sont les communes qui la demandent, qui veulent la faire et la conserver. En Angleterre tout est aristocratique, dans nos pays tout est du tiers état. Cette différence dans les rapports doit en produire une fort essentielle dans la législation, et notre liberté sera une autre que celle des Anglais à raison des diverses sources dont elles émanent et des pouvoirs différens auxquels elles sont remises; car si le principe de l'aristocratie est conservateur de la monarchie, le principe des communes qui est l'égalité, penche plutôt vers la république.

Cette vérité qui en est une fort grande, devra être prise en considération par le législateur, et c'est ici vouloir se perdre que de confondre des choses si diamétralement opposées.

CHAPITRE VII.

De ce qui résulte de la décomposition de l'ordre politique.

Telle est l'Europe: tout y est dissous. L'esquisse que nous en avons rapidement tracée, est prise dans la morale de l'histoire qui ne vaut que par sa morale, et dont les témoignages sont irrécusables.

Dans nos monarchies où rien ne fut constitué, ou le tems, les événemens et surtout les lois décomposèrent l'ordre politique, les institutions protectrices de la monarchie périrent, et la république prit le dessus.

La royauté est à sa cinquième époque. D'abord élective, puis successive, puis héréditaire et contenue par les grands, puis absolue, elle est arrivée à ce point qui semble la placer sous l'influence populaire, comme elle le fut si longtems sous celle de la féodalité.

Les rapports sont nivelés, le tiers état, la quintessence de la démocratie, prédomine; le pouvoir populaire à force d'envahissemens a tout conquis et place aujourd'hui la royauté à l'extrême frontière de la société.

Ce n'est plus la noblesse, c'est la roture qui veut régner dans les monarchies et qui y règne en effet. Ce ne sont plus des citadelles et des châteaux forts, d'où l'on bravait le trône et où se cachaient les ennemis du pouvoir. Le tiers état n'a ni forteresses, ni citadelles, mais il a pour lui le grand nombre, l'attrait tout puissant de la nouveauté, l'intérêt privé et toutes les ambitions ; il s'arme de pamphlets, de journaux de brochures, d'une légion d'écrivains à gages, du poison de l'éloquence, de tous les talens enfin, armes mille fois plus redoutables dans ce siècle éclairé, que ne le furent jamais celles des seigneurs aux tems féodaux. Le peuple en veut aujourd'hui à la royauté comme autrefois la noblesse ; l'équilibre social est détruit comme alors, ce sont les mêmes causes et les mêmes effets, l'occasion seulement est différente et la force n'a fait que passer en d'autres mains. Mais si dans des tems barbares la royauté prévoyante put s'appuyer des communes pour réprimer les grands, de qui s'appuyera-t-elle aujourd'hui pour réprimer les communes ?

Les tendances républicaines, les idées fausses de la souveraineté du peuple, l'esprit nommé révolutionnaire qui sans l'être dans sa volonté le serait à coup sûr dans ses effets, naissent tout naturellement de cette prépondérance populaire.

L'opinion quoiqu'en disent des hommes pleins de vertu, partant d'une source démocratique, parle, agit, travaille dans le sens et dans l'intérêt de la démocratie contre la royauté dont elle veut limiter les droits, sans pouvoir se limiter elle même autrement que par de simples résolutions.

Et rien n'indique mieux la corruption des idées que la manière dont l'opinion se contredit. Elle déclame contre la noblesse, elle fait l'impossible pour l'empêcher de renaître, et elle demande un gouvernement qui sans noblesse, doit se dévorer lui-même.

Que de clameurs s'élèvent de toutes parts pour décrier les institutions féodales, et sur quoi se fonde ce gouvernement anglais que l'on demande, si ce n'est sur ces mêmes institutions?

Quelle idée attache-t-on aujourd'hui à la noblesse? On ne voit plus dans un noble qu'une caricature, une coëffure à l'oiseau royal, une longue épée en travers, des airs grotesques et tout ce qu'on appelle par dérision les manières de la vieille cour. Le tems a détruit l'institution, et les classes inférieures ennemies nées des pouvoirs intermédiaires, s'arment contre leurs débris de l'arme si terrible du ridicule.

En général c'est une observation à faire, que la tendance du siècle est plutôt pour l'égalité des rangs que pour la liberté; s'il était possible que tout le monde eut les dignités, la société serait tranquille. Il est permis d'en conclure qu'elle aura le parfait despotisme.

Il est des peuples qui parlent de liberté, et qui au fond veulent être gouvernés fortement. Ils veulent seulement que tout soit égal et que le marquis n'ait rien sur le roturier. A ce prix, l'amour propre satisfait, le pouvoir absolu serait tolérable à leurs yeux. Ils appelent cette égalité le triomphe des lumières, et ils fondent la dessus leur échafaudage politique.

Mais ce ne sont pas seulement les lumières qui donnent la liberté, ce sont bien plutôt les institutions. Un peuple moins éclairé qui aura conservé la hiérarchie de ses rapports, sera plus propre mille fois à acquérir la liberté, que le peuple le plus brillant de lumières, qui aura tout détruit.

Ce mot de lumières comme celui de liberté, est un mot magique dont on se sert aujourd'hui pour colorer mille tendances particulières. Sans doute la civilisation est grande en Europe, et il y a beaucoup de bonnes lumières, mais le nivellement et l'égalité sociale qui ont produit tant d'intérêts privés, en ont fait naître un grand nombre de fausses qui paraissent devoir l'emporter sur les véritables. Si l'opinion du siècle était fille des bonnes lumières, elle ne se manifesterait pas par des prétentions contraires au bon sens.

En nous rappelant l'histoire, en examinant la situation des sociétés, en réfléchissant au jeu des forces et des contreforces dans l'état, nous ne saurions nous cacher que nous sommes aujourd'hui plus près de la république que de la royauté, et les constitutions plus ou moins démocratiques qu'on se donne, peuvent aisément n'être qu'une transition à la forme des États Unis d'Amérique vers laquelle nous entrainent les courans populaires.

Il y a derrière toutes ces chartes et tout ce mouvement constitutionnel, plus de république qu'on ne pense. Ce n'est pas qu'au fond on la veuille, mais on y arrivera par la force et la marche inévitables des choses.

Nous le déclarons, nous n'offensons personne, nous voyons le mal dans les choses, et non dans les hommes.

Que demande l'opinion? Des gouvernemens constitutionnels.

Qu'est ce qu'un gouvernement constitutionnel? C'est une heureuse combinaison de la royauté et de la république.

Quelle est sa base et sa condition? Le parfait équilibre entre ses pouvoirs législateurs.

Qu'elle est la condition de cet équilibre? La présence d'un grand corps de noblesse.

L'Europe possède-t-elle un corps de noblesse semblable? Non; dans toute l'Europe, l'Angleterre exceptée, la noblesse a péri comme corps et ne peut se relever suffisamment dans un espace de tems donné.

De quoi se composeront donc nos gouvernemens constitutionnels? Des deux pouvoirs, du monarchique et du démocratique et tout au plus d'une fiction aristocratique intermédiaire qui sera dépendante et de pure forme.

Cela peut-il établir un juste équilibre entre les pouvoirs? Jamais; toute représentation nationale devant être surveillée par un corps modérateur indépendant, dont l'influence puisse aller jusqu'à empêcher par lui même les empiètemens de l'un et l'autre pouvoir.

Que seront donc au fond ces gouvernemens constitutionnels fondés sur des chartes écrites au milieu d'une société décomposée? Ce seront des formes précaires, incertaines, toujours agitées, fort dangereuses, assises sur la seule chance que les hommes se conduiront toujours bien, et dans lesquelles le pouvoir républicain qui sera de droit et de fait, se portera puisque rien ne l'arrête, à tous les envahissemens possibles.

Cette liberté politique peut-elle répondre au voeu de la société et garantir la liberté civile? Elle ne le peut pas; ainsi disposée, cette liberté conduit en droite ligne au vrai despotisme, et ce résultat nécessaire sera plus ou moins prompt selon le caractère des peuples et les influences du pouvoir.

On ne saurait assez le dire: ces raisonnemens se fondent sur l'histoire, l'expérience et la règle des nations. Quand dans les monarchies le pouvoir populaire a entrainé la balance elles se sont agitées, et de ce mouvement progressif sont nées des commotions. Dire que le pouvoir populaire sera tranquille quand on lui aura accordé des droits, c'est étrangement s'avanturer, car où sera la limite de ces concessions, et qu'est ce qu'une limite qu'on se fait soi même ? Donner aux hommes du pouvoir, c'est les engager à en prendre davantage, et rien ne le prouve mieux que l'histoire du corps social dans lequel tout a été usurpation depuis le commencement jusqu'à la fin.

La prétention d'avoir le gouvernement anglais se réduit donc pour l'Europe à une brillante et trompeuse chimère. On aurait peine à la comprendre, si l'on ne savait que ceux qui demandent ce gouvernement, ne connaissant l'Angleterre que par ouïdire, et n'ayant guère fait d'études profondes, ne voient au bout d'une constitution qu'une royauté bien empêchée un peuple bien hardi, une tribune aux harangues, et eux à cette tribune, disant de belles choses pour être mis dans la gazette, ce qui est sans doute une grande félicité.

Un état quelque bonne que soit d'ailleurs sa législation, ne peut subsister longtems sans contrepoids. Les monarchies absolues périclitent aujourd'hui faute d'être balancées; nos gouvernemens constitutionnels auront le même sort, avec cette différence que les choses iront bien plus vîte. Il a fallu cinq siècles pour conduire les monarchies au point où elles sont; nos formes improvisées, construites en l'air, ouvertes au premier venu, les abîmeront dans moins de cinquante ans.

Un état peut avoir toute l'apparence de la tranquillité parce qu'on n'aperçoit pas bien clairement les causes secrètes qui le dirigent et le jeu de ses divers ressorts, sans que pour cela il puisse compter sur une tranquillité durable. L'équilibre peut n'être qu'apparent; il faut aux forces motrices de l'état le tems d'agir, et le tems découvre bientôt si elles sont parfaitement égales dans leur action. Quelques années de calme intérieur et même de liberté, ne sauvent point alors l'état de nouveaux changemens, et les mêmes révolutions se reproduisant peut-être sous des formes différentes, mais toujours par les mêmes causes.

Par la même raison que les révolutions ne sont pas d'un jour, mais demandent le tems, il se fait que les législations les plus absurdes peuvent subsister par momens, et même débuter brillamment avec toute l'apparence d'un beau succès. La démocratie royale, la pire forme connue, peut ainsi se soutenir et trouver des défenseurs. On se dit alors d'un air satisfait „les choses vont", et l'on croit l'état solidement assis, lorsque le moment fatal arrive où tout disparait. Alors on va chercher des causes tout à fait étrangères à l'événement, et chacun s'excuse comme il peut.

Ainsi lorsque nous voyons en Europe des monarchies se constituer à la hâte, se soutenir quelque tems et marcher comme si tout s'y trouvait parfaitement réglé, n'en soyons pas surpris, gardons nous de les prendre pour modèles, et n'en inférons pas qu'elles remplissent toutes les conditions d'un bon gouvernement qui n'est bon qu'autant qu'il renferme en lui même la cause suffisante de sa durée.

En résumé, les élémens dont la société dispose, ne peuvent pas de prime abord fournir la matière du vrai gouvernement représentatif. Cet avantage est réservé à la seule Angleterre et c'est dépasser le but qu'on veut atteindre que de demander péremptoirement un gouvernement qui se compose d'élémens qu'on ne possède plus.

C'est, en un mot à la nullité des pouvoirs intermédiaires et à la préponderance de l'élément démocratique dans les monarchies, que nous attribuons la cause de leur agitation. L'ordre politique sappé dans ses fondemens, demande une refonte; mais la démocratie l'emportant dans les rapports, les voeux et les prétentions de la société prennent naturellement une teinte plus ou moins prononcée de république, et la royauté seule dans cette décomposition, ne se soutient plus que par des moyens extraordinaires.

Il faut bien que cela soit puisque nous apercevons ce mal-aise et cette inquiétude dans les monarchies les mieux réglées quant à leurs lois, dans celles où les sujets jouissent à la faveur d'une jurisprudence positive, de tous les avantages de la liberté civile, et où par conséquent la liberté politique pourrait tout au plus confirmer des droits existans sans en créer de nouveaux. Nous connaissons un grand et beau pays dans lequel la liberté civile est assurée par le meilleur code de lois qui soit en Europe, et où le souverain n'oserait rien entreprendre contre les citoyens sans s'exposer à une plainte formelle devant les tribunaux. Dans ce pays aussi fort décomposé, des savans rêvent le gouvernement anglais; mais quel bien en résulterait-il, et comment peut on désirer qu'un excellent gouvernement qui marche admirablement, soit embarrassé par de nouveaux soins dont le moindre résultat serait de l'affaiblir? La corruption des idées doit être bien grande pour que l'on veuille ainsi risquer l'existence d'une patrie pour un peu d'amour propre.

Et le danger qui menace toutes les sociétés se trouve précisément dans cette circonstance, que les progrès et les prétentions du tiers état devant aller en augmentant, la confusion doit augmenter, et les réformes seront d'autant plus incertaines qu'on ne peut plus réformer qu'avec ce qu'on possède, c'est-à-dire avec des élémens dont la nature n'est pas de se contenter de ce qui doit suffire dans une bonne monarchie.

Il faut recomposer les monarchies et l'on n'a plus devant soi que la république. Il faut affermir la royauté, et l'on ne dispose plus que d'élémens contraires à la royauté. Quel avenir, quelle profondeur dans toute cette question, et comment s'expliquer la marche de certains gouvernemens que la rouille dévore, et qui de peur de faire trop, ne font rien, sacrifiant toutes leurs chances et perdant tout leur tems.

CHAPITRE VIII.

De ce qui reste à faire.

Il est bien évident que si dans cette désorganisation générale, au lieu d'opposer une digue au torrent, les gouvernemens s'abandonnent de gaieté de coeur à l'esprit nouveau, rien ne pourra les sauver, c'est se livrer à discrétion et se mettre à la merci du vainqueur.

On croirait travailler pour la monarchie, et l'on ne ferait au fond que constituer la démocratie.

Que la société soit en souffrance, qu'elle ait totalement changé de forme et d'élémens; qu'elle ait besoin d'une bonne recomposition sur des bases légales; que dans l'esprit qui la travaille il y ait une cause profonde indépendante des individus, rien n'est mieux fondé. Reprocher aux hommes d'aujourd'hui la tendance qui les porte à desirer des réformes appropriées aux vrais besoins de l'état social, serait à coup sûr une grande injustice; autant faudrait reprocher aux hommes d'autrefois la découverte du nouveau monde, l'invention de la poudre et de l'imprimerie, la réformation et toutes les grandes révolutions du globe. On ne peut raisonnablement reprocher aux hommes que les exagérations, les fausses doctrines, les théories qui dépendent d'eux, en séparant tout ce qui a été amené par les événemens qui ne dépendent pas de nous. Tout n'est pas un crime dans les idées libérales, on a seulement gâté le mot en l'appliquant a des idées creuses subversives de l'ordre social, et le libéral est aujourd'hui synonyme du révolutionnaire, ce qui ne devrait pas être.

Celui qui aurait conseillé à Louis XIV d'entreprendre des réformes telles que l'état de la France les demandait, ou du moins de poser des bases pour faciliter ces réformes sous les règnes suivans, aurait probablement été fort mal accueilli, mais n'en aurait pas moins été un véritable homme d'état, et sa prévoyance eut-elle été écoutée, aurait sauvé la France et l'Europe.

Ainsi lorsque de nos jours où le mal est bien plus palpable, des voix s'élèvent pour empêcher qu'il ne devienne incurable, gardons nous de confondre dans ce mot de révolutionnaire, les savans à théories, les ambitieux toujours prêts à sacrifier à des considérations particulières et les gens de bien pour lesquels le salut général est la loi suprême. On peut parler de réformes sans cesser d'être le meilleur citoyen;

il y a plus, on doit parler de réformes pour peu qu'on ait le coeur et la tête bien placés.

La condition des peuples serait bien à plaindre si ayant fait au commencement des lois pour le bien commun de la société, et s'apercevant dans la suite que par le changement des circonstances et d'autres causes soit physiques soit morales auxquelles les hommes sont obligés de céder, ces lois sont devenues plus dommageables qu'avantageuses, il ne leur était pas permis de revenir sur leurs pas et de désirer de sages réformes. La puissance législatrice n'est poins infaillible. Abolir des lois que les tems ont rendues insuffisantes ou dangereuses c'est protéger l'état, c'est faire le bien public qui est toujours la loi suprême.

Comme cependant dans un état il s'agit de l'intérêt de tous; qu'un état ne peut avoir qu'un but général; que les gouvernemens ne peuvent pas écouter un parti; qu'ils sont là pour la chose publique et non pour la chose particulière; leur premier devoir est d'examiner l'esprit nouveau, de juger ses causes et ses effets, de maîtriser l'opinion, de l'instruire, de la diriger, de la conduire à son meilleur terme en la limitant dans son propre intérêt et en l'empêchant de faire tout le mal auquel elle se porterait si elle restait abandonnée à elle même. C'est l'embarras de cette position difficile qui fait décrier les gouvernemens les plus paternels, les gouvernés confondant presque toujours leur intérêt privé et celui de la communauté. Combien de fois n'a t-on pas vu au milieu des vicissitudes d'un état, un parti s'ériger en maître, en mandataire de la société qui ne songeait seulement pas à lui remettre ses pouvoirs, et le gouvernement séduit par les apparences faire toutes les fautes aux dépens de l'intérêt général, en faveur d'un faux parti dominant.

Nous entendons dire par là qu'en accordant une part à l'histoire, en convenant du principe que la société nouvelle a besoin de réformes, l'examen que sa situation exige de la part de l'autorité et qui doit nécessairement amener dans ses décisions quelque lenteur et jusqu'à la résistance, n'est ni moins légitime ni moins indispensable. Si ce que l'opinion demande satisfait aux vrais besoins de la société, ce qui doit être suffisamment démontré, le refus dans l'ordre naturel des choses ne semble pas devoir être admis. S'il n'y satisfait point, le refus est nécessaire, le contrat social ne subsiste qu'à ce prix. Les gouvernemens qui n'ont plus la faculté de l'examen et qui se rendent imprudemment sans prévoir quel sera le terme de leurs concessions, sont des gouvernemens défaillans que la pente irrésistible des choses conduira de fautes en fautes et de malheurs en malheurs.

Or en suivant avec quelque soin l'examen de nos monarchies, on se persuadera que toutes sans exception ont besoin pour leur refonte d'un long travail préparatoire, et que prendre la plume dans son cabinet pour écrire sur un parchemin „il y aura une pairie, une représentation, une liberté", c'est bien donner carrière à son imagination.

Une législation telle que l'opinion la demande, à laquelle tout le monde participe et qui ne repose pas sur des institutions préalables plus fortes que la loi, ne tient absolument à rien. C'est aux institutions à faire la loi, et non à la loi à faire les institutions; celles-ci doivent donc la précéder. Dans les pays où la loi précédera les institutions, sur quoi s'appuyera t-elle? Il s'écoulera entre son exercice et la reconstruction de choses positives qui sont indispensables, un intervalle de tems immense dont les passions éternelles des hommes profiteront pour sapper de toutes parts et renverser un édifice si fragile.

Il y a plus: la loi brusquement introduite, la reconstruction sera impossible; car l'effet de la loi étant de donner un haut degré de pouvoir aux hommes, et les institutions étant des barrières, personne n'en voudra de peur d'être contenu. Cette législation achevera donc la désorganisation générale; le mal sera sans remède, parce que le remède sera entre les mains de ceux qui font le mal.

Dans l'état actuel des sociétés, tous les intérêts étant en jeu, des concessions une fois faites, une fois goûtées et mises en jouissance, seront bien difficiles à reprendre. On peut se passer de ce qu'on n'a pas eu, on renonce difficilement à ce qu'on a possédé. Un peuple qui a la liberté politique, bonne ou mauvaise, ne comprendra jamais qu'il doive céder quelque chose.

Et si dans l'état libre les circonstances ont été telles qu'on s'est vu contraint de faire une large part à la démocratie, on peut être sûr que la reprise d'une concession importante ne s'effectuera qu'au prix d'un mouvement toujours dangereux. Ce seront autant de révolutions partielles qui ameneront la révolution générale.

Les rétractations sont fâcheuses dans tout gouvernement, car elles prouvent qu'il a mal pris ses mesures. Dans l'état libre où elles sont ordinairement forcées, le parti qui les obtient acquiert aussitôt une connaissance de sa force qui lui fera voir qu'il peut tout oser.

Mais les fautes des hommes d'état ne sont pas toujours libres. Sur une surface rase où rien ne soutient plus le gouvernement, les difficultés déjouent tous ses calculs. Malheur à l'homme prévoyant qui voudra l'arrêter pour modérer sa course rapide: livré à la vindicte publique, il sera décrié dans l'opinion et traité comme le plus mauvais citoyen.

Il faut bien s'entendre sur ce mot institution dont on abuse aujourd'hui comme de tant d'autres mots. Nous faisons une grande différence

Chapitre VIII.

entre les institutions et les lois. On peut avoir toutes les lois qui se rapportent à la liberté et qui en découlent, sans avoir les institutions qui proprement l'établissent. On peut avoir une loi d'élection, une loi sur la liberté de la presse, une autre sur la responsabilité; si ces lois ne sont que des lois écrites et ne reposent que sur la vertu, sans être assises sur des choses plus fortes qui sont leur garantie et font leur stabilité, la liberté ne sera qu'apparente, et pour durer quelque tems, n'en restera pas moins soumise aux chances du pouvoir et à toutes les influences diverses qui pourraient vouloir la traverser dans quelque sens que ce fut. On peut dire que les institutions sont la base de l'édifice, et que les lois n'en sont que les pièces accessoires; que les unes posent l'échafaudage, et les autres le remplissent et achèvent la construction. Il est impossible de croire à une liberté durable dans une monarchie, où l'on ne voit ni corps de noblesse indépendant, ni états, ni corporations, ni organisation municipale, et où l'égalité des rangs est le principe dominant. Quelques soient d'ailleurs le nombre et la perfection relative des lois dans cette monarchie, on ne peut les envisager que comme des êtres de raison dont rien n'assure la durée, et que l'inconstance humaine peut créer et détruire avec la même facilité.

Une erreur bien funeste et qui fait en Europe des progrès effrayans, c'est de vouloir jeter toutes les nations dans un même moule, d'improviser une forme commune qui puisse aller à tous les pays. Comme avant d'élever un grand édifice, l'architecte examine et sonde le sol pour voir s'il peut le supporter, de même le législateur avant de donner à un peuple des lois bonnes en elles mêmes, doit connaître si ces lois peuvent lui convenir; car la différence est grande entre les lois bonnes et les lois convenables. Une loi peut être excellente en théorie, et être fort mauvaise en pratique. Telle loi sera bonne pour un peuple, qui sera la ruine d'un autre. Solon disait de ses lois qu'il n'avait pas crû donner aux Athéniens les lois les plus parfaites, mais les meilleures qu'ils fussent capables de recevoir. La liberté n'étant pas un fruit de tous les climats, n'est pas à la portée de tous les peuples. Plus on médite ce principe établi par Montesquieu, plus on en sent la vérité: plus on la conteste, plus on donne occasion de l'établir par de nouvelles preuves. Que dans un pays brûlant du midi un peuple dont les moeurs tiennent encore de l'africain, veuille être gouverné comme l'est un peuple sérieux, calme et réfléchi du nord, sa prétention sera fort déplacée et peut tourner à sa perte si elle lui est accordée. Le gouvernement doit répondre aux moeurs, au caractère, aux habitudes, aux passions, aux localités, aux lumières, à l'histoire et surtout aux élémens de la société, toutes choses qui diffèrent selon les pays et les peuples. Quand ces considérations sont perdues de vue, le gouvernement le plus sublime en théorie devient en pratique une impossibilité, et ce qui en matière de gouvernement est impossible, devient absurde par cela même.

C'est d'une main tremblante, qu'il faut approcher des lois. On ne brusque pas une constitution; elle veut que les esprits pour se l'approprier soient préparés à la recevoir, et rien n'est plus dangereux qu'une transition subite à ces formes inconnues qui déroutent la vertu même. Qui le croirait! la vertu même a besoin de limites *).

Sans doute, les lois ne sont guère que des remèdes et il faut d'autres remèdes pour de nouveaux maux; les lois civiles naissent, s'augmentent et varient avec les besoins et par conséquent avec les affaires qu'elles doivent régler. De la diversité des besoins il résulte qu'il faut différentes lois aux différentes nations et à la même nation en différens siècles; mais qu'on se garde des imitations vicieuses; les lois nouvelles doivent être des écoulemens des anciennes; dès qu'on n'y a plus d'égard, le droit nouveau forcera tout: ce sera un droit toujours ou trop fort avec les faibles, ou trop faible avec les forts.

---

*) Esprit des lois.

Il faut ensuite considérer attentivement la situation particulière dans laquelle l'état peut être placé vis-à-vis d'autres états, et ceci n'est pas le moins important.

Le but d'un état indépendant étant à la fois de se maintenir au dedans et de se défendre au dehors, les deux libertés, la civile et la politique sont étroitement liées aux rapports extérieurs, et l'erreur capitale de nos réformateurs est de toujours placer l'état dans une situation abstraite comme s'il était seul dans l'organisation générale. De toutes les erreurs, celle-ci est la plus grossière et la moins pardonnable. Quelques secrets que la diplomatie puisse avoir pour la multitude, il suffit aux tems où nous sommes, de jeter un seul regard sur la carte pour avoir une idée nette des relations politiques entre les divers états. La paix éternelle est le rêve d'un bon homme; il y aura toujours en Europe des états forts et des états faibles, des états menaçans et des états menacés. Le tems qui détruit tout, détruit tous les systèmes politiques. De tous les traités faits que reste-t-il après dix ans? souvent le regret de les avoir faits. Les systèmes changent avec les hommes qui en font quelquefois de monstrueux. Un pays entouré de tendances ennemies, qui peut craindre la guerre à tout moment, aura grand tort d'affaiblir le pouvoir en le divisant; ce pays ne se maintiendra qu'en concentrant le pouvoir dans les mains d'un seul qui puisse librement disposer des ressources et du matériel de l'état. Rappelez vous la Pologne; ce n'est pas seulement parce que sa liberté fut mauvaise qu'elle a péri, c'est en général par la division du pouvoir suprême. Sa liberté fit son asservissement; absolue, elle serait encore au rang des états, la difficulté de la conquérir en eut éloigné la pensée. La Suisse monarchique ne serait pas une grande route militaire pour tout le monde. Quelques états d'Italie ont péri par les vices de leur organisation, en paraissant des conquêtes faciles. Rois, Doges, Consuls, Sénat, les noms ne changent rien aux choses; la politique qui fait d'étonnans progrès, met encore un plus de façons à déposséder un roi, que le premier magistrat d'une ville ou d'un territoire libres, mais au fond ce n'est que dans les formes au dessus desquelles se place bientôt le conquérant. Ce que l'on avance de la force des états représentés ne repose encore sur aucune expérience et même ne semble pas naturel; presque toutes les conquêtes des états ont commencé par la perte de leur considération. Or en politique la considération naît de la puissance car elle n'est que la crainte que la puissance seule inspire. Un gouvernement dont le chef par le vote du subside, dépend du dernier de ses sujets, a peu de puissance et n'a pas la promptitude du pouvoir qui double sa force et supplée souvent à son insuffisance. Il semble qu'un roi constitutionnel sur terre ferme doive perdre aux yeux d'un souverain absolu qui ne juge de la royauté que par la puissance, car comme les rois traitent de rois à rois, et non de rois à peuples, un souverain qui aura à côté de lui un gouvernement populaire, qu'en sa qualité d'absolu il ne peut beaucoup aimer, y verra moins le souverain que le peuple pour lequel il aura peu de scrupules. Si l'Angleterre eut été accessible, pour être libre, sa conquête n'eut pas été difficile. La position insulaire ne serait-elle pas de toute manière la seule propre à supporter un régime qui semble demander un entier isolement? Une île sans voisin dangereux, à l'abri des attaques, peut porter toute son attention sur ses lois sans crainte que du dehors on ne vienne défaire son ouvrage. Dans les états du continent dont la tendance est de s'accroître sans cesse, il suffit du mouvement partiel d'un seul, pour que tous en éprouvent une réaction soudaine: cette réaction opère un dérangement, ce dérangement en nécessite d'autres et finalement tout l'ensemble a souffert. Voyez les changemens qu'ont subis les états de l'Europe par suite de leurs guerres qui les ont ou agrandis ou diminués: ces états ne sont plus reconnaissables. En Europe tout dépend de la frontière; la paix, la guerre, les traités, les lois, la liberté, la servitude, tout part de là. Un état représentatif peut être envahi et conquis avant que les chambres se soient rassemblées pour voter le subside, un autre embarrassé par les difficultés du gouvernement, forcé de donner tous ses soins à ses affaires intérieures, négligera celles de l'extérieur et sera nul pour tant de questions politiques qui peuvent cependant toucher de près à ses intérêts les plus chers. Jouer un grand rôle au dehors, et être libre au dedans, sont deux choses bien contraires. Ce n'est pas du moins dans un état nouveau où tout est en suspens qu'on doive le tenter, car il n'y a pas de gouvernement au monde assez fort pour faire marcher de front et la politique extérieure et les soins d'un intérieur toujours compromis ou à la veille de l'être. L'ennemi le plus à craindre n'est pas toujours celui qui menace la frontière. Il faut opter entre la liberté et la faiblesse politique. Nous laissons au lecteur à méditer sur ces réflexions qui ne sont pas sans quelque prix; nous nous bornons à énoncer en général le principe que la législation d'un état qui a toujours le double but de la tranquillité intérieure et de la défense au dehors, ne doit pas regarder seulement l'état pour lequel les lois sont faites, mais beaucoup aussi l'état qui serait tenté de les défaire.

La liberté peut souffrir de cette situation, cela est vrai, et dans des monarchies toujours menacées le sacrifice de la propriété et de la sûreté auquel tout le monde est tenu, peut être si grand qu'il ne restera de la liberté que bien peu de chose: mais outre que la tyrannie dans le sens propre du mot, n'est pas à craindre avec la légitimité dans notre siècle, l'indépendance politique qui constitue la nation, sans laquelle la nation ne serait pas, nous semble devoir être mise en première ligne. Il vaut encore mieux être comme on est que de ne pas être du tout, et il est bien permis de supposer des cas où la meilleure liberté serait encore une mauvaise forme de gouvernement.

Ce n'est pas tout encore; à la suite de ce double but de l'état, les armées permanentes sont des nécessités politiques. Toute l'Europe monarchique est armée et doit l'être; tous les états fondés par les armes, ne peuvent se soutenir que par les armes. L'entretien des armées pour la défense extérieure entre donc nécessairement dans la législation civile, les rois disposent d'une force matérielle énorme. Une armée dans le principe est essentiellement obéissante, et partout sur la terre la partie armée de la nation fait la loi à la partie non armée. Ce serait trop attendre de la royauté que d'espérer qu'elle put dans tous les tems, dans tous les lieux, consentir à une abnégation de puissance aussi contraire à ses attributs, à sa tendance, à ses sentimens, à tous ses souvenirs. Les rois sont hommes et plus hommes que nous:

leurs passions sont d'autant plus vives qu'ils ont plus de facilités à les satisfaire. La nature du pouvoir sera toujours contraire au partage; le pouvoir, dans quelques mains qu'il se trouve, vise à l'exclusif. Tel prince qui souscrit aujourd'hui à l'opinion du siècle et se démet d'une partie de sa puissance, laisse tacitement à son successeur le soin de recouvrer les droits de la royauté perdus. Ce successeur sera un prince tout militaire; il aura des inclinations guerrières, il fera la guerre, il s'entourera de la splendeur des victoires, il aura cent mille bras à sa solde, et de retour dans sa capitale, ne voulant plus d'entraves, une compagnie de grenadiers ira par son ordre dissoudre l'assemblée des représentans qui gênaient sa puissance. Nous supplions qu'on ne se méprenne pas sur les influences de l'opinion; elles peuvent varier selon les tems, les hommes et les circonstances. Il n'est pas impossible que le pays dans lequel l'opinion se prononce le plus fortement pour la liberté, tombe dans des mains éminemment vigoureuses et adopte cette forme de gouvernement où le peuple d'ordinaire pousse plus loin la servitude que le prince ne peut pousser la tyrannie. L'histoire de tous les tems nous fournit à cet égard des exemples fameux. Dans tout pays les influences du pouvoir seront toujours fort grandes, dans un pays armé elles seront décisives; l'opinion publique qui ne se manifeste que par l'organe d'un parti, d'une fraction du grand nombre, y sera facilement réduite au silence. Ajoutons encore que la gloire des armes enflamme aisément tout un peuple et peut faire aimer le plus violent despotisme, tant qu'il est heureux. L'homme qui, au milieu des victoires et des conquêtes, fera entendre le mot de liberté, paraîtra alors bien ridicule; on vendra publiquement sa caricature, ce sera le plastron de la bonne compagnie.

Cette Angleterre si libre, si riche en élémens de bonheur par la solidité de ses institutions, et dont la loi repose jusques dans le centre de la terre, le croira-t-on? sa législation a été légèrement effleurée depuis qu'à la suite des guerres de la révolution française, le gouvernement a du mettre sur pied plus de troupes et qu'un peu d'esprit militaire a pu se glisser dans l'exercice du pouvoir. Le souverain s'appuyant moralement de l'existance d'une armée nombreuse couverte des plus beaux lauriers, les actes publics ont quelque fois offert la preuve, non d'une tendance absolue mais d'une légère déviation des principes de l'équilibre et de l'impartialité sévère. On a vu entre autres dans quelques questions de droit, et nommément dans celle du libelle dont la loi est une des plus fortes garanties des libertés publiques, les légistes de la couronne et les juges du banc du roi décider plus promptement qu'ils ne l'eussent peut-être

Chapitre VIII.

fait dans d'autres circonstances. Cela est imperceptible, mais cela est et la cause ne nous en semble pas douteuse; nous la trouvons moins dans la vétusté de certaines lois tombées en désuétude, que dans cet état militaire, apparition nouvelle qui fait sortir les choses de leur assiette ordinaire. Les Anglais qui s'observent toujours, s'en sont bien vite aperçus; ils se sont hâtés à la paix de demander le licenciement de la force armée dont ils redoutent la présence, et le gouvernement intéressé au maintien de tout ce qui existe, s'est empressé d'y souscrire. Nous n'avançons au reste cette considération que pour indiquer de loin l'ascendant naturel d'un pouvoir militaire sur l'exécution des lois; car d'ailleurs cet ascendant ne peut jamais aller en Angleterre jusqu'à en vouloir à la loi même. Les institutions anglaises sont plus fortes que les hommes, des déviations partielles à leur surface ne peuvent atteindre à la profondeur de leur base.

Il semble en général que la liberté soit peu compatible avec un pouvoir armé, car malgré toutes les précautions que l'on pourrait prendre pour placer ce pouvoir hors de la liberté, comme autrefois à Rome où l'on dévouait aux dieux infernaux quiconque avec une cohorte seulement approcherait de son enceinte, il se trouverait bientôt dans l'état libre armé quelque ambitieux qui nouveau César, franchirait le Rubicon.

Lorsque Cromwell dissout le parlement, il dit ces paroles remarquables, „l'armée m'a nommé son chef et comme tel je vous casse". La chambre des communes fut fermée; on y attacha un écriteau avec ces mots, „maison à louer."

La France république eut de grandes armées et fit la guerre à l'Europe pour se décharger d'une masse considérable de population. C'est ce que font toujours dans leur naissance les états libres; le travail de leur liberté rencontre moins d'obstacles lorsque ceux qui pourraient les faire naître sont occupés ailleurs et à autre chose. Ce qui peut arriver de plus heureux à ces états, c'est que leurs armées engagées hors de l'enceinte de la liberté, périssent, pour pouvoir de suite en créer d'autres et se diminuer d'autant, ce qui leur est facile car rien ne se forme plus vite que des armées républicaines. Cela put réussir à la France quelque tems, mais la guerre finie, une poignée de soldats mit fin à cette liberté.

La fédération que nous voyons se soutenir en Europe malgré tous les événemens qui se passent au dedans et au dehors de sa frontière ne devrait elle pas cet avantage à la circonstance singulière que ses hommes ne sont soldats que pour les autres? Si les cantons étaient militaires, depuis longtems le despotisme s'en serait emparé.

Les États Unis vers lesquels tant de regards

se fixent aujourd'hui, ne conserveront pas toujours leur forme actuelle. Quand ils seront suffisamment peuplés ils se diviseront, leur agrandissement n'étant plus en harmonie avec la nature de leurs lois. Ces divisions ameneront des divergences d'intérêts, des froissemens, la guerre et l'état militaire. On y verra alors s'établir une autre forme politique. De bonnes lois qui suffisent à un état naissant, lui deviennent aisément à charge quand il s'est développé, leur effet étant peut-être de le porter au développement et non de le gouverner quand il y serait parvenu.

Les républiques que nous voyons se former dans l'Amérique espagnole, entretenant des armées, prendront dans peu de tems la direction de la monarchie, et comme dans le nouveau monde privé d'institutions monarchiques, rien ne balancera l'autorité du prince, on peut prédire que ces gouvernemens seront bien absolus. Il n'y a que le despotisme qui puisse les affermir, parce qu'une société naissante où il faut tout forcer veut beaucoup de despotisme; ce n'est que lorsque la nature même a plié sous l'empire des lois et de l'habitude, qu'on peut établir un régime plus doux.

Les petits états qui vivent à l'ombre des grands, n'auraient pas besoin d'armée et pourraient jouir d'un régime libre avec quelque apparence de durée; mais l'Europe est toute militaire, tous les goûts, toutes les éducations sont militaires; on ne se croit pas souverain à moins de cinquante mille hommes de troupes; d'ailleurs ces petits états croient avoir besoin d'une armée, espérant bien n'être pas toujours petits.

Dans tous les états armés le pouvoir a su briser ses chaines. La révolution du Danemarc aurait eu lieu sans le voeu des Danois, si même cette nation alors très malheureuse, n'eut préféré mille fois le règne raisonnable d'un seul au règne vicieux de plusieurs.

On a parlé d'armée constitutionnelle; c'est sans doute un contre-sens. Il serait étrange qu'une armée qu'alimente le seul pouvoir, voulut limiter ce pouvoir et se priver volontairement de ce qui la fait être; il vaudrait mieux appeler d'abord cette armée par son nom, Prétoriens, Strélitz, Janissaires en révolte contre le souverain. C'est encore une singulière liberté que celle qu'on attend des soldats; nous entendons dans quelque pays compter sur le parti militaire; ce sont des appels aux braves, on les flatte, on les cajole, on leur fait faire tant et de si belles choses à l'aide de la toute puissante lithographie, et tout cela pour fonder un gouvernement libre; pauvres gens qui ne voient pas qu'une armée de cent mille hommes se compose de cent mille despotes! Cette armée laisse faire tranquillement aux prétendus amis de la liberté, et quand ceux-ci auront réussi à la perdre en ramenant l'anarchie, elle rétablira l'ordre en rétablissant le pouvoir.

Nous voudrions voir que des soldats osassent se promener longtems dans la cité de Londres, le lord maire en sortirait bientôt; aussi en garde-t-il les clefs et pas un soldat ne passe.

Places fortes et liberté, constitution et gens-d'armes, représentation nationale et conscription, que de contradictions, et comment fera-t-on pour réunir tout cela ?

Les partisans exagérés du gouvernement représentatif, qui ne doutent de rien, ne manquent pas de fleurs de rhétorique pour assurer que tout peut s'accorder pour peu qu'on le veuille, que l'Europe est bien assise, que les armées sont au fond inutiles et que la difficulté résultant du pouvoir armé est moins grande qu'on ne pense, les armées toutes nationales devant d'abord se ranger du côté de la charte et appartenir plus à la nation qu'au souverain. Cet argument aussi véhément qu'absurde, dans un tems où nous en sommes encore à la naissance de nos idées et de nos institutions, doit beaucoup rassurer la royauté sur son avenir.

Insensés que vous êtes, séparez l'armée du trône, privez la de son chef naturel, du seul point auquel puisse se rallier l'obéissance, Vous n'aurez que des soldats factieux et Vos Marius, Vos Sylla Vous plongeront dans toutes les fu-

14

reurs sanglantes des guerres, civiles et des proscriptions.

Les idées constitutionnelles sont devenues dans beaucoup d'hommes des idées fixes qui leur font porter les jugemens les plus faux sur les choses les plus simples les plus à la portée de tout le monde.

Plus on examine la liberté, plus on sonde le terrain sur lequel on veut bâtir, et plus on trouve d'obstacles et de difficultés.

Le régime représentatif que l'opinion demande, convient-il aux pays catholiques, et les rapports religieux d'un peuple n'ont-ils pas une influence très grande sur son gouvernement? Le clergé romain qui a toujours été en possession d'une grande puissance, ne peut être ami d'un gouvernement libre, par cela seul qu'il ne peut exercer sa puissance qu'en s'identifiant avec un pouvoir absolu qui lui rend l'appui qu'il en reçoit. Nous avouons que nous n'avons aucune idée d'un clergé catholique romain dans un pays constitutionnel. Ce clergé dévoué à Rome et voyant dans le pape son premier maître, se croira toujours appelé à défendre le droit divin, la hiérarchie, les corporations religieuses, toutes choses ennemies de la vraie liberté. Or un pas peut en amener un autre, et nous avons vu l'Angleterre coupant court à d'interminables démélés avec Rome, proscrire la religion catholique à main armée et ses rois se déclarer seuls chefs de leur eglise. Dans quelques états d'Allemagne nouvellement constitués on entend soutenir à la tribune que le schisme est mille fois préférable à la hiérarchie que le St. Siège cherche à obtenir par de nouveaux concordats. La séparation des états catholiques d'avec Rome nous semble une conséquence nécessaire de l'esprit du siècle. Déjà les états d'Italie les plus voisins de Rome, s'affranchissent du tribut et de toutes les charges qui jadis lui donnèrent l'empire du monde. Dans les états libres la liberté, si elle parvient à s'établir, finira par gagner les consciences; cela tient à la nature humaine et à la marche de l'esprit; aussi voyons nous dans les états libres s'établir tant de sectes et naître tant de croyances qui mettent tant de gens à leur aise. La liberté ne s'accommode pas d'une religion exclusive; elle veut l'extrême tolérance, car on est persuadé que la liberté ne saurait être entière chez un peuple qui ordonne un culte et en proscrit un autre au nom du pouvoir. Or dès qu'on admet l'exercice de plusieurs religions dans l'état, la plus raisonnable aura la préférence, et nul doute que la liberté ne trouve dans la religion protestante plus commode, un plus grand appui que dans la catholique plus austère, plus intraitable dans ses préceptes relatifs à l'ordre social: d'où il suit que les monarchies du nord qui ont embrassé la réforme, sont au fond plus propres à acquérir la

14*

liberté que celles du midi restées fidèles à l'ancienne église.

La situation de Rome dans l'éminente question du siècle est sans doute fort embarrassée. Si les foudres du Vatican se lançaient encore, l'église opposerait une résistance ouverte; mais depuis longtems ces foudres sont eteintes et ne se rallumeront plus: le Saint Siège cèdera ou fermera les yeux, et les choses se soutiendront par sa faiblesse même, ce qui ne sera pas eternel.

Les catholiques d'Angleterre obtiendront-ils leur emancipation? Depuis longtems cette question divise l'opinion; les Anglais qui sentent impérieusement le besoin d'une réforme dans leurs lois civiles et criminelles, se persuadent aussi qu'à cet objet se rattachent des intérêts matériels qui veulent être liés à l'intérêt public; mais ils redoutent encore l'esprit d'une religion exclusive. Ont-ils tort, ont-ils raison? Nous n'entreprendrons pas de le décider. Dans ce beau pays où la déesse de la raison a son temple et son culte assidu, tout est soumis à son empire. Les Anglais ne sacrifient pas à de faux dieux, ils savent ce qu'ils veulent et ce qu'ils leur faut; mais nous ne saurions nous défendre d'une prédiction, c'est que l'émancipation des catholiques sera le triomphe du protestantisme. Quand les catholiques dans les trois royaumes auront obtenu les droits politiques, ils ne feront aucune difficulté de changer de religion; beaucoup d'entre eux se seraient déjà fait protestans s'ils n'avaient craint d'être accusés d'agir non par conviction, mais dans le seul but d'acquérir des droits: l'émancipation les met à couvert du reproche. Si l'Irlande l'obtient, elle sera schismatique dans moins d'un demi siècle.

On se perd dans un dédale de pensées quand on réfléchit à toutes les chances de l'avenir.

Mais dira-t-on, à quoi servent tous ces raisonnemens? le mal n'en existe pas moins, la société est en souffrance, que faut-il faire?

Cette question est bien difficile à résoudre; autant vaudrait demander quelle est la meilleure forme de gouvernement. Tout ce que l'on peut dire, c'est qu'il est bien difficile de gouverner les hommes. La nature du mal est connue et jugée, c'est la prépondérance de l'élément démocratique dans les rapports de la société, prépondérance née de la décomposition politique, et qui imprime à l'opinion du siècle une tendance visiblement républicaine. Ceux qui ne conviennent pas du fait, ou sont de mauvaise foi, ou n'ont pas voué à la question l'examen historique qu'elle demande.

La prépondérance démocratique ayant sa source dans le nivellement de la société et dans ce principe d'égalité qui tend à confondre les rangs, il faut au préalable s'occuper à rétablir des contrepoids. Mais c'est ici que gît la grande difficulté; on instruirait, on dirigerait, on maîtriserait l'opinion, que le législateur se verrait arrêté à chaque pas par l'insuffisance de ses matériaux.

Tâchons cependant de poser quelques principes.

Comme pour établir une balance il est nécessaire de séparer ce que le tems a confondu, il faudra d'abord faire le triage des élémens et remettre toutes choses à leur place afin d'opposer l'une à l'autre.

L'essentiel dans ce travail c'est que tout y soit légal, et que dans la recomposition de nos monarchies tous les intérêts soient satisfaits par la législation même, attendu qu'il n'y a de stable que ce qui est fondé sur de bonnes lois. Nous expliquons notre pensée, mais nous osons demander qu'on nous suive attentivement.

L'ancienne noblesse étant tombée en décadence, le premier soin d'un prince prudent sera d'en sauver les débris, de les rassembler, de les refondre et de leur donner quelque consistance en leur conférant quelques attributions. Il ne faut pas prendre aujourd'hui d'une noblesse l'idée qu'on s'en faisait autrefois. Si l'on ne voit dans une noblesse qu'un château sur la cime d'un rocher, un seigneur brutal armé de pied en cap, ravageant les campagnes, maltraitant les paysans, enlevant les femmes et les filles et des soldats se portant aux derniers excès, on aura raison de la proscrire: mais quel est l'homme sensé qui puisse encore envisager la noblesse sous ces formes antiques de la rudesse féodale? Cette conduite des nobles, facile dans des tems d'anarchie, où la roture ne jouissait d'aucune existance, où il n'y avait ni tribunaux, ni lois, ni prince assez indépendant pour s'attribuer la justice, n'allarme plus que nos démagogues qui n'y croient pas, mais qui s'en servent comme d'un épouvantail, pour séduire par de grands mots une multitude ignorante et crédule. Il ne faut pas non plus ne voir dans la noblesse qu'un corps privilégié comblé de faveurs aux dépens de la nation. L'Aristocratie anglaise la plus puissante, la plus considérée, n'a point de privilèges; elle est soumise comme les particuliers à l'impôt et à la loi*). Tout cela ne cadrerait plus ni avec les moeurs, ni avec l'état social, ni avec l'intérêt bien entendu de la communauté. Ces prétentions de la noblesse du moyen âge, s'il était possible qu'elles fussent reproduites, feraient de nos jours une révolution dont tout le profit se-

---

*) Le droit de ne pouvoir être détenu pour dettes est au fond illusoire puisque le créancier met la main sur la propriété. Les membres de la chambre basse jouissent du même privilège pour tout le tems d'une session législative. La prérogative des nobles de n'être jugés que par la chambre haute, n'est pas un privilège, la loi reste la même, il n'y a de différence que dans le tribunal. D'ailleurs les frais d'un procès porté devant les pairs ont absorbé plus d'une fortune: cette prérogative est presque toujours une véritable peine.

rait pour la démocratie. L'aristocratie dont le principe est la modération, ne peut plus être que ce qu'elle doit être, un corps intermédiaire entre la royauté et le peuple, également ami de l'une et de l'autre, également appelé à servir de barrière à tous deux et à balancer les rapports de la société, sans droits féodaux, sans corvée, sans garenne, sans colombier, sans tous ces droits honteux du vieux tems, qui ont si longtems outragé la raison et la nature, et jeté du blâme, du mépris et du ridicule sur les choses les plus nécessaires.

Tout n'a pas été détruit. Dans les pays qui ont échappé aux commotions violentes, dans ceux où la décomposition a été moins rapide, la noblesse il est vrai, a cédé à la prépondérance toujours croissante du troisième ordre, mais il en existe encore des vestiges. En Autriche, en Souabe, en Bavière, en Prusse*), dans

---

*) L'Allemagne possède encore une aristocratie imposante fondée sur le territoire; elle le doit à la circonstance que l'Empire étant électif, et s'étant formé du lien féodal, les lois des fiefs s'y maintinrent avec une rigueur extrême. Les Germains n'avaient pas subi le joug de Rome, ils n'en prirent pas les lois, et conservèrent longtems leurs coutumes particulières. Le code de Justinien ne fut reçu subsidiairement à la chambre impériale qui décidait de toutes les causes civiles, que par le recès de la diète d'Augsbourg le 25. Septembre 1555. Les Gaules soumises par les Romains en avaient adopté les lois, et les capitulaires des rois Francs étaient fondés sur les codes d'Hermogène et de Théodose. Le code de Justinien retrouvé dans la Pouille fut reçu en France en

Chapitre VIII.

tout le nord de l'Europe où les envahissements du tiers ont été moins grands, peut-être parceque les abus y ont été moindres, et même dans quelques états du midi où la hiérarchie ecclésiastique a rendu le nivellement plus difficile, on voit encore de belles propriétés entre les mains de la noblesse et les gentilshommes jouir dans les provinces de quelque considération. Ces élémens sont précieux et veulent être conservés: cependant il se fait sous ce rapport par les gou-

---

1137 d'autant plus facilement que les coutumes étaient déjà fondés sur les lois romaines antérieures qui s'étaient perdues sur la fin de la seconde race. En Italie le droit romain ne fut jamais entièrement perdu, le clergé l'adopta avec respect dans ses canons. En Espagne il fut à la vérité sévèrement défendu, mais la loi des Visigoths était, selon Cujas, la loi romaine, et la défense ne fut faite que deux siècles après que cette loi eut été pratiquée, ce qui fit que l'esprit s'en conserva. À l'expulsion des Maures le droit des Goths fut aboli, les rois se formèrent un droit particulier qui fut nommé droit royal, et qui se composait de leurs ordonnances et du droit romain. Dans les lois faites à Madrid en 1501 il fut ordonné que le droit d'Espagne serait interprété d'après la loi romaine. La jurisprudence d'Allemagne prit une autre direction: les codes de Souabe et de Saxe furent longtems préférés, et l'introduction du code civil n'eut lieu qu'avec la plus grande répugnance de la part des états qui voyaient bien où ce code les menerait. Les progrès de la civilisation le firent cependant adopter, lorsque le gouvernement féodal ne suffit plus, lorsque l'empire se démembra et que chaque état eut sa loi particulière; mais les choses féodales ayant duré en Allemagne plus longtems que partout ailleurs, la décomposition a été moins prompte; depuis la révolution de France elle a fait de grands progrès, et l'Allemagne n'est plus reconnaissable de ce qu'elle était il y a cinquante ans.

vernemens même des fautes dont sans doute on ne s'apercevra que lorsque le mal sera sans remède. Journellement on lit dans les gazettes des annonces de ventes de terres seigneuriales, de loteries, de morcellemens qui sont la chose du monde la plus désastreuse. Les progrès du commerce, des arts et de l'industrie ayant transmis des fortunes considérables aux classes roturières, ce sont celles-ci qui achetent les propriétés des nobles, et si le mal enfin n'est arrêté, bientôt le sol de l'état sera entre les mains des négocians, des banquiers, des fabricans et des juifs. Que l'on juge ce que serait dans cinquante ans une représentation nationale assise sur de semblables fondemens, et quel avenir les monarchies et les peuples peuvent se promettre d'un pareil état de choses. Un roturier propriétaire qui n'a pas un intérêt direct à perpétuer son nom et sa race ni à transmettre à sa postérité une qualité qu'il ne tient pas de ses aïeux, s'inquiétera peu de ce qu'après lui deviendra sa propriété, car n'ayant eu en l'achetant que l'intention de se débarrasser d'un capital et de placer sa fortune, avant d'être seigneur terrien, il voudra être bon père, et se conformant sans peine au code civil il partagera son bien-fonds entre tous ses enfans sans leur en recommander la conservation qui n'est au fond d'aucune importance pour son rang. Ainsi divisé le domaine périra: à force de se vendre et de se revendre et de passer par mille mains avides, il perdra toute sa valeur. L'agriculture sera dans trop de mains, il en résultera partout un surcroît excessif de population qui sera une charge, car là où la population est trop nombreuse, où l'on ne peut pas comme en Angleterre lui donner par le commerce une direction fixe et d'autres moyens de subsistance, le peuple est pauvre, inquiét, turbulent et facile à mouvoir. La pauvreté fait les républiques, la richesse est le soutien des monarchies. La grande propriété quand elle est exclusive, a des inconvéniens nombreux, et les Anglais ont besoin de toute leur prudence pour qu'il n'en résulte pas des dangers réels; où en seraient-ils sans l'empire des mers qui fait vivre les trois quarts de la nation privés de l'agriculture? mais la division infinie des terres dont nous sommes menacés, entraine mille désastres que dans nos pays rien ne peut compenser. La petite propriété se dévore elle même: à peine si elle parvient au bout de l'année à suffire aux frais de culture. Le petit propriétaire ne pouvant pas faire d'épargnes, mangeant son fonds avec son revenu, les améliorations, les entreprises qui sont l'ame de l'économie rurale, deviennent impossibles ou ne peuvent se faire qu'en chargeant les terres d'hypothèques qui si l'année est mauvaise, amènent la banqueroute et cet affreux séquestre dont nous voyons tant d'exemples aujourd'hui, et dont l'effet est de dépécer l'état au profit de créanciers intéressés. Ainsi nous verrons tomber en décadence la première source de notre richesse, nous serons misérables et pauvres au sein d'une chétive propriété, et nous n'aurons que de mauvaises lois, car là où la propriété est trop divisée on trouvera difficilement assez de propriétaires payant la quotité d'impôts voulue par la loi pour être éligible, et la représentation sera le partage d'une autre classe moins stable et moins fixe dans ses principes. Le noble au contraire, obligé par convenance, par amour propre, par des souvenirs qui lui sont chers, par le respect qu'il doit à son nom et à son origine, à ne pas déroger, à transmettre à ses enfans un rang qu'il ne se croit pas en droit d'aliéner, remplira toujours mieux la vocation d'un propriétaire en attachant sa qualité de noble à la conservation de ses biens. Les anciennes maisons ont une sorte de pudeur et de conscience politique qui leur disent qu'elles ne sont pas libres de déchoir et qu'elles ne sont rien du moment qu'elles sont dépandantes. Un roturier ruinera sa terre sans scrupule parce qu'il sait que le commerce et l'industrie lui restent et que les moyens d'indépendance ne lui manqueront pas; mais le commerce fut toujours interdit aux nobles qui n'ont plus de ressource après avoir perdu la propriété territoriale, que les grâces passagères du souverain et le service peu lucratif des cours. Lorsqu'un noble agit contre ces principes, c'est par abus, et c'est cet abus que les gouvernemens doivent empêcher par des lois positives, en ne permettant pas que la noblesse perde ses terres pour les vendre aux classes inférieures que les mêmes motifs de conservation ne peuvent pas diriger, parce que toutes les considérations un peu élevées de législation civile et de politique sont au dessus de leur portée. Cela est fort difficile au point où dans quelques états les choses sont venues, mais nous ne pensons pas que cela soit tout à fait impossible. Nous connaissons des nobles qui se défont de leurs propriétés parce que ne jouissant comme nobles d'aucune prérogative, se croyant négligés et méprisés par le gouvernement, ils aiment mieux vivre dans la capitale au sein du luxe et des plaisirs que se morfondre dans l'obscurité au fond de la province. Que l'on donne aux nobles une prérogative dans la législation, que cette prérogative soit inhérente à la propriété et à une certaine étendue de propriété, on arrêtera la vente de beaucoup de terres nobles. La seule idée de n'être pas dans l'état un membre inutile, mais d'y jouer un rôle, d'y avoir quelque influence, de servir ses concitoyens, de s'illustrer, sera pour la noblesse un puissant motif de s'observer davantage. On ne peut se le cacher, elle est découragée, elle voit la roture s'emparer de tout et l'accabler de tout le poids de sa puissance.

La manie de vendre et de jouer ses terres nous a toujours paru de la part de la noblesse, un acte de désespoir, comme si renonçant à une existence dont l'état semble faire si peu de cas, elle abandonnait la partie. Mais il ne faut pas décourager la noblesse, sa présence jamais ne fut plus nécessaire; les rois l'ont abattue, c'est aux rois à la relever, en donnant aujourd'hui quelques soins à la propriété foncière qu'un faux système fait passer dans trop de mains et qui plus est, dans des mains inhabiles à la conserver.

Il est encore des nobles, et c'est le plus grand nombre, qui se défont de leurs terres à vil prix par suite d'un dérangement de fortune. Les tems et les événemens ont influé sur toutes les relations sociales. Les efforts des gouvernemens pour maintenir l'indépendance politique ont nécessité des sacrifices et épuisé beaucoup de ressources. Les campagnes appauvries ont peine à payer l'impôt. Le système prohibitif de quelques états empêchant l'exportation des produits, les cultivateurs n'ont pu vendre en raison des récoltes, ou ont vendu à des prix disproportionnés qui n'ont pas remboursé la main d'oeuvre. Il en est résulté de grands embarras pour les propriétaires et la ruine de beaucoup de fortunes, au point que les terres sont aujourd'hui dans quelques pays une véritable charge dont on se débarrasse volontiers même avec perte, parce que l'on prévoit encore de plus grands

CHAPITRE VIII.

maux. Au lieu de permettre que les biens fonds passent ainsi aux classes roturières qui s'enrichissent et rassemblent des capitaux par des moyens faciles que la noblesse a toujours considérés comme au dessous d'elle, pourquoi le souverain n'en ferait-il pas l'acquisition en s'arrangeant avec les propriétaires? pourquoi ne les donnerait-il pas à titre de fiefs héréditaires au premier né, relevant de la couronne et inaliénables? On créerait par là un grand nombre de majorats qui seraient la base d'une institution monarchique. Les rois feraient de cette manière le plus utile emploi de leurs économies. On jète tant d'argent par les fenêtres pour des objets futiles: si la royauté prévoyait ce qui l'attend, elle ferait d'autres dépenses mille fois plus nécessaires *).

---

*) Cette idée ne devrait pas être rejetée. Si de toutes les terres seigneuriales qui se vendent, le gouvernement en achetait seulement cinq par an, et les donnait comme fiefs à d'anciennes maisons qui ne possèdent plus rien, à des généraux, à des hommes d'état qui ont bien mérité de la patrie, dans moins d'un siècle la propriété se releverait, avec elle la noblesse se rétablirait, et l'état aurait une base plus solide. Tout ce qui a existé jusqu'à présent a suffi à la puissance absolue; aujourd'hui tout est différent, il n'y a de salut que dans le rétablissement même des choses qu'un faux esprit condamne. Il n'est pas nécessaire de dire qu'en proposant le rétablissement de fiefs relevant de la couronne, nous ne saurions dans aucun cas vouloir rétablir les droits féodaux des seigneurs; cette idée serait parfaitement ridicule. En faisant relever les terres de la couronne, nous n'avons en vue que l'inaliénabilité du domaine. Il faut distinguer la loi féo-

Cet appauvrissement de la noblesse par la perte des terres a un autre inconvénient; les nobles ne sachant plus que devenir, se jettent dans l'administration, et le gouvernement se croit obligé de leur donner les places et de les favoriser aux dépens de la roture, de sorte que l'on voit celle-ci devenir maitresse de la propriété foncière, tandis que les nobles s'emparent des emplois publics. Si l'on voulait organiser la société à contre-sens, il serait impossible de s'y prendre mieux.

Ce qui sera toujours un obstacle au rétablissement d'un corps de noblesse et d'une grande propriété territoriale, c'est la loi romaine qui fait la base de nos codes civils. Cette loi a pu nous gouverner huit siècles au sein du bonheur parce que nous étions encore loin d'en ressentir les inconvéniens: aujourd'hui que notre état social veut des réformes, et que l'on demande des formes balancées, elle s'oppose à tout et paralyse les meilleures intentions. L'esprit de la loi romaine fut pour un pouvoir absolu illimité tel que les Césars l'avaient établi depuis Octave. Sa tendance dans les tems postérieurs fut de maintenir ce pouvoir en empêchant les résistances et en disséminant les forces; son effet, de décomposer l'ordre politique sans pouvoir le régir quand il serait décomposé. Ainsi cette loi

---

dale des abus de la féodalité, abus faciles à réprimer par la loi même.

suffisante pour nous faire arriver au point où nous sommes, ne nous suffit plus aujourd'hui que nous l'avons atteint. Jamais code ne fut plus contraire au gouvernement mixte que le code romain qui ne supposait pas la possibilité d'un tel gouvernement. C'est une chose qui sera toujours digne de remarque, que cet empressement que l'on a mis à adopter une jurisprudence faite pour une république et plus tard pour un état despotique, malgré que nos formes, nos usages, nos moeurs, nos rapports et nos élémens n'aient absolument rien de semblable à l'ancienne Rome; nos monarchies sont héréditaires, elles veulent des pouvoirs intermédiaires, et rejettent le nivellement dont à Rome la république et le despotisme avaient pû s'accommoder. La noblesse inconnue aux Romains est une partie intégrante de notre ordre politique, et la loi romaine a été une des nombreuses causes de sa décadence. Aucune fortune ne résistera à cette loi. La décomposition est là, la nécessité de rétablir des contrepoids est évidente, et les mêmes lois qui les ont détruits nous gouvernent encore. Quoiqu'elles ne soient que subsidiaires relativement à la succession des biens et n'entrent en vigueur qu'à défaut de testament, ce qu'elles prescrivent à cet égard parait si conforme aux principes avoués de justice et à la direction que le tems a imprimée à toutes nos idées, qu'il n'est pas aujourd'hui de père de famille qui voulut dépouiller ses enfans pour avantager son aîné. On a du croire que ce qu'ordonnait le législateur était sagement vu, et la loi subsidiaire est devenue dans nos monarchies la règle et la coutume générale; le père qui ne s'y conformerait pas serait traité de barbare. La loi d'ailleurs s'opposerait à un dépouillement qui n'aurait aucun motif valable prévu par la loi. Celui de tout laisser au premier né dans le but explicite de relever une noblesse, serait à coup sûr fort mal reçu des tribunaux, et le testament d'un père qui aurait ainsi testé, serait cassé après sa mort à la moindre réclamation des autres enfans ou d'un seul d'entre eux. Nous nous sommes sans doute trompés sur ce point, comme sur beaucoup d'autres matières de droit que nous séparons trop de l'intérêt politique. On regarde généralement le droit que les enfans ont de succéder à leur père, comme une conséquence de la loi naturelle, ce qui n'est pas. La loi naturelle ordonne aux pères de nourrir leurs enfans, mais elle n'oblige pas de les faire héritiers. Le partage des biens, les lois sur ce partage, la succession après la mort de celui qui a eu ce partage, tout cela ne peut avoir été réglé que par la société et par conséquent par des lois civiles et politiques. Or nos lois sont à cet égard radicalement vicieuses, en ce que négligeant trop l'ordre politique pour l'ordre civil, et favorisant le droit particulier aux dépens de l'intérêt commun, elles ont par là dénaturé le gouvernement. Le droit des particuliers doit se régler sur la conservation de la société; les intérêts privés ne deviennent l'intérêt public que lorsqu'ils sont en harmonie avec l'ensemble des rapports, ce qui depuis un fort long tems n'est pas le cas de notre jurisprudence. Ne nous y trompons pas; la condition civile exige de grands sacrifices de liberté et de propriété; l'ordre politique en exige de plus grands encore. Il s'agit de savoir sous quelles lois on veut vivre. Si la grande propriété est nécessaire à la liberté, et si nos lois détruisent la grande propriété, il est évident que voulant la liberté, nous devons chercher à modifier nos lois; cependant nous y sommes faits, nos habitudes, nos moeurs, notre civilisation se sont réglées sur elles, et l'on sent qu'après les avoir eues pendant un si long tems, ce n'est pas par des lois contraires qu'on remédierait au mal sans renverser en même tems toutes les idées que nous avons prises du droit positif sur lequel nous fondons mal à propos notre existence sociale. Une loi qui abolirait brusquement l'ancien mode de succession pour établir la primogéniture, semblerait une loi tyrannique, attentatoire à nos droits et à cette liberté qui fait l'objet de nos voeux: on n'en comprendrait pas la nécessité, et personne ne voudrait s'y soumettre. Quand les préjugés ont pris racine, c'est une entreprise dangereuse et vaine de vouloir les détruire. Le peuple ne sent pas même qu'on touche à ses maux, il est comme ces malades faibles et sans courage qui frémissent à l'aspect du remède. Il serait tout aussi impossible de proclamer dans nos monarchies le droit d'aînesse, qu'il le serait d'abolir ce droit en Angleterre, l'opinion cette reine du monde ne le permettrait pas. En politique il n'y a malheureusement de systèmes simples et faciles à saisir que ceux qui favorisent le despotisme et l'anarchie. On ne peut acquérir la connaissance des vrais principes de la liberté que par une observation détaillée des faits et par un examen suivi des diverses formes de gouvernement. Il faut une grande connaissance de l'histoire et de l'homme, pour comprendre ce que valent dans l'état la balance des pouvoirs et la nécessité d'y introduire une branche aristocratique capable de pondérer les forces qui le régissent. L'ignorance où l'on est à cet égard et la présomptueuse vanité qui se croit au dessus de l'expérience, sont la cause de toutes les prétentions déplacées de nos réformateurs du jour, gens pour la plûpart de bonne foi et qui ne veulent pas le mal, mais qui renfermés au fond d'une étude, séparés du monde, ne vivant qu'avec des livres, se font une politique facile à leur guise et ne tiennent aucun compte des réalités. La noblesse a si fort perdu dans l'opinion, et à la suite du nivellement les idées démocratiques ont tellement gagné les esprits, que l'on s'est fait une conviction de l'inutilité des nobles; la nécessité de conserver la propriété dans les familles pour former un corps indépendant, soutien du trône et de la monarchie, loin d'être comprise, est combattue par les plus absurdes sophismes : on s'abuse même sur la situation de la société au point de la trouver fort bonne, et au lieu de chercher la cause du mal dans cette fusion de tous les élémens qui conduit à la démocratie pure, on va follement la puiser dans un prétendu besoin de constitutions représentatives qui ne peuvent encore rien constituer. Ainsi les choses marchent et font des progrès effrayans au milieu des plus douces illusions; ce qui repose dans l'avenir n'est vu que par un petit nombre d'hommes qui cachent leurs craintes, de peur d'être taxées de ridicules. Le gouvernement qui de nos jours manifesterait l'intention de rétablir un droit d'aînesse, ne ferait sans doute que réveiller les craintes de l'ancienne féodalité et de tant d'abus que la société prétend rejeter de son sein : ce serait une faute, et une faute d'autant plus gratuite, que la défaite des institutions féodales est complète, et que rien au monde n'est capable de guérir les masses populaires de l'aversion et de la haine qu'elles leur inspirent.

Mais d'un autre côté, vouloir un gouvernement libre c'est vouloir aussi les moyens qui seuls peuvent l'établir; vouloir la liberté sans vouloir ce qui la fait, serait une contradiction qui aurait pour résultat l'absence de toute liberté. Or la nécessité de balancer l'inconvénient de la loi romaine saute aux yeux; le mode reçu de succession nivelant l'état, rend les contrepoids impossibles, et sans contrepoids tout ce que l'on voudra faire pour introduire dans nos monarchies une représentation nationale, sera toujours une tentative infructueuse. Il n'y a plus moyen d'arriver au but directement en proclamant la primogéniture, tout le monde est d'accord la dessus, il faut y arriver par un détour en éludant la loi, en constituant la noblesse, en lui conférant à de certaines conditions le droit de faire corps, en lui donnant un but d'utilité commune et en la forçant par là à s'observer, à se reproduire d'elle même de ses propres débris et à renaître pour ainsi dire de ses cendres. Tout cela est bien contraire à l'opinion, nous le savons, mais l'opinion fait fausse route, c'est aux gouvernemens à s'emparer de la chose d'une main ferme et à diriger une majorité aveugle qui se place d'elle même sur le bord d'un abîme.

Quant à cette prérogative législative dont nous voudrions revêtir la noblesse pour la constituer, voici ce que nous proposerions; cependant les rapports n'étant pas les mêmes dans toutes les monarchies, nous nous bornerons à des considérations générales.

Chapitre VIII.

Ce que nous avons dit de la décomposition des sociétés et de la tendance républicaine qui en résulte, doit faire juger de la grandeur du mal et de la nécessité d'une bonne recomposition pour tous les états sans exception. La cause n'étant point passagère, les effets resteront et augmenteront avec le tems en force et en intensité. Vouloir aller contre le courant, c'est s'exposer à être entrainé par lui. Si la précipitation est dangereuse, l'état stationnaire ne l'est pas moins. On ne saurait assez le dire, les lois ne sont que des remèdes, et il faut d'autres remèdes pour de nouveaux maux. Les révolutions ne peuvent être prévenues que par des réformes lentes et successives; l'état qui se laisse surprendre par la vétusté, est menacé tôt ou tard de réformes violentes, et tandis que les premières sont presque inaperçues et ne déplacent rien subitement, celles-ci entrainent toujours de longs désastres en faisant dépasser de fort loin à la société le but qu'elle s'était proposé pour son bien-être. Marcher avec le tems et ne pas marcher plus vîte que le tems, telle est la maxime d'un bon législateur.

Car les changemens intérieurs d'un état, les lumières, les nouveaux intérêts, les besoins et les prétentions qui en dérivent, marchent souvent en raison inverse de la possibilité des réformes. Un gouvernement peut être empêché dans les siennes par des guerres, des localités et mille circonstances imprévues, lorsque déjà toutes les lumières et des intérêts nombreux se sont rangés à leur poste. Alors il se fait que la lutte entre les vieilles choses et l'esprit nouveau est d'autant plus violente que les disparates sont plus fortes, et les hommes pressés de toutes les manières, se perdent dans un immense labyrinthe, brusquent les choses pour en finir et précipitent leur ouvrage qui devient mauvais par cela même qu'il est trop tôt fait.

Que de révolutions politiques s'expliquent par là, qui n'auraient pas eu lieu si après une longue stagnation, les réformes successives ne fussent pas devenues impossibles.

Que d'embarras et de difficultés cette stagnation produit aujourd'hui dans quelques unes des plus vieilles monarchies. Les ressorts du gouvernement s'usent dans ce froissement continuel entre l'esprit ancien et l'esprit nouveau; jadis maîtresses de deux mondes, ces monarchies s'éteignent et ne frappent plus que du bruit de leur faiblesse.

Il ne faut donc pas se livrer mais il faut faire quelque chose, et partant du principe que les nations ont des droits, et que les hommes peut-être ne s'agitent que parce qu'ils se trompent sur l'étendue de ces droits, il faut leur accorder ce qui raisonnablement peut et doit leur appartenir pour la conservation de l'ensemble et le bien de la communauté.

Chapitre VIII.

C'est dans l'examen de l'impôt, c'est dans la jurisprudence proprement dite que repose toute la liberté civile. On est réellement libre quand on n'est tenu qu'au sacrifice nécessaire, quand on est placé sous la sauvegarde de bonnes lois qui s'exécutent bien, quand le gouvernement ne demande de la propriété et de la sûreté des sujets que ce qu'exige le but de l'état, quand enfin dans l'état où chacun est tenu aux inconvéniens et aux charges attachés à sa durée, l'abus, l'arbitraire, la vexation sont impossibles, et les parts si justement, si également faites que personne ne soit fondé en droit à se plaindre.

Un bon code de lois, un bon système de finances, voilà de quoi assurer la liberté civile, et si on accorde à la nation le droit de surveiller l'un et l'autre et d'y prendre part par des représentans, on aura à la fois la liberté civile et la politique, c'est-à-dire toute la vraie liberté.

Pour arriver à ce but, ce qui peut se faire de mieux, ce qui remplira les voeux de la société, et sera le fondement de nos institutions politiques, c'est une bonne organisation d'états provinciaux, établis sur de certains principes qui tout en modifiant et en balançant le pouvoir suprême, ne puissent pas aller jusqu'à empiéter sur lui au point de compromettre la chose publique.

Ces états se composeront de tous les élémens de la société, c'est-à-dire, des trois ordres, de la noblesse, du tiers état et des paysans *), avec cette condition que chaque corps votera comme corps indépendant, et qu'au lieu d'amalgamer la roture et la noblesse, comme quelques écrivains le proposent, ces deux élémens restent séparés et ne puissent pas se confondre.

Les motifs qui nous font désirer cette séparation, sont du domaine de l'histoire.

Il serait inutile de répéter tout ce que nous avons dit des résultats qu'a eu pour l'ordre politique la perte de l'aristocratie: les flots populaires submergent nos monarchies, il faut une digue à ce torrent. Les états qui se constituent aujourd'hui de quelque manière et sous quelque forme que ce soit, le font parce que l'expérience a prouvé que la puissance absolue ne repose plus sur rien, que les fictions qui la soutenaient ne suffisent plus, et que dans l'intérêt

---

*) Nous n'exceptons pas le haut clergé de cette représentation, mais nous voudrions le réunir à la noblesse, comme en Angleterre, et comme aujourd'hui en France. Il est sans doute contraire au bien public que le clergé fasse un corps particulier dans l'état: les intérêts temporels l'emporteront toujours sur les spirituels, et le clergé fera servir la religion à la politique, ce qui est le sûr moyen de détruire les sentimens religieux dans tout un peuple, en discréditant les ministres de la religion. Quant aux paysans ils ont toujours fait en Suède, en Bohême, en Autriche un ordre particulier, et on ne voit pas pourquoi la classe productive la plus utile et la plus respectable, celle qui exploite, fructifie et fait valoir le sol de l'état, ne jouirait pas d'un droit dans le gouvernement; l'homme des champs qui travaille, vaut bien les oisifs des grandes villes.

des rois comme dans celui des peuples, le gouvernement veut être balancé. Mais c'est ici que se trouvent à la fois et le danger et la difficulté. Ce n'est pas tout assurément d'opposer des contrepoids au pouvoir absolu, il faut encore des contrepoids dans ces contrepoids, il faut la résistance dans la résistance même. La tendance populaire étant mille fois plus à craindre que la tendance de la royauté, il faut que les contrepoids en se balançant entre eux, en se résistant l'un à l'autre, ne soient pas de nature à nuire au principe monarchique de la conservation duquel dépendent tous les intérêts réunis. Or on n'aura de véritables contrepoids qu'en séparant les élémens, en assignant à chacun deux sa place naturelle dans le jeu des divers ressorts de l'état; en les confondant, en les amalgamant, on les met dans l'impossibilité de former des points de résistance et d'appui. On aura bien pendant quelque tems des contrepoids à la monarchie, mais toút le poids sera dans un des bassins de la balance, et le principe monarchique périclitera parce que le corps qui l'observe, composé de parties homogènes, n'est pas en état de s'observer et de se limiter lui même. Les anciens états généraux de France qui n'étaient, quant aux nobles, qu'une représentation de propriétaires de fiefs, avaient confondus la noblesse et la bourgeoisie, et jetant ainsi la roture au milieu de l'aristocratie de naissance, eurent ce résultat que la noblesse perdit ce qui la fait être, son indépendance comme corps particulier. Il s'en est suivi pour elle une confusion de rangs qui a été le principe de sa mort et une cause puissante de l'accroissement du troisième ordre. Le mal une fois fait dans un tems où les communes commençaient à se développer, et où par conséquent tout l'avenir devait dépendre de la manière dont entre elles et la noblesse les premiers rapports seraient fixés, ne put se réparer; il traversa les siècles, nivela les rapports, priva l'état d'élémens distincts et fit plus tard d'une bonne réforme une chose impossible: on manqua de matériaux. Il est avéré, et tous les publicistes de France sont de cet avis, que si dans les anciens tems la noblesse de naissance siégeant comme corps particulier eut pu s'observer davantage, et que les états généraux eussent été par rapport à la noblesse une véritable représentation des nobles, l'aristocratie malgré toutes ses fautes se serait encore soutenue, et les communes n'eussent pas acquis à ses dépens une prépondérance dont elles firent un si coupable usage. Nous le disons encore: les causes qui ont fait la révolution française sont nombreuses et de la plus haute antiquité; toute cette révolution remonte au 15me siècle: elle est l'histoire fidèle de la lutte qui s'engage dans les empires entre des forces inégales et du triomphe de la force majeure sur la force moindre quand rien n'est constitué. Cette lutte, ce triomphe sont de tous les pays, car toutes les sociétés quelque soit leur forme, sont régies par des forces intérieures dont l'action continue est une loi immuable de la nature: c'est à les balancer également que tend une bonne politie. Quoiqu'en disent une fausse philosophie et cette philantropie d'hommes à théories si riche en combinaisons hazardées, la présence d'ordres différens dans l'état est une condition irrémissible de son existence; la fusion ne produira jamais que du mal; une égalité de condition donnera toujours une égalité de pouvoir, et une égalité de pouvoir forme une république ou une démocratie. Sans ordres divers point de contrepoids, point d'équilibre et sans équilibre point de repos, point de liberté. Ainsi dans le voeu qui nous anime de relever une noblesse pour fonder avant tout une institution monarchique et préserver la société des envahissemens populaires, ce qui sera toujours et dans tout état de cause la chose principale, nous voudrions que dans une bonne organisation d'états la noblesse de naissance fut mise en première ligne, et opinât dans la représentation non comme corps privilégié, nous déclarons que la noblesse ne doit avoir aucun privilège, mais comme corps indépendant, comme intermédiaire naturel entre la royauté et le peuple qui obtient une part dans le gouvernement. Que la noblesse de naissance formât le premier banc, le tiers-état des villes et des campagnes le second, et les petits fermiers et les députés des villages le troisième, nous croyons que de cette manière seulement les diverses forces peuvent se balancer et former de véritables points d'appui et d'arrêt. On ne peut sauver la royauté qu'en la séparant par la noblesse du pouvoir démocratique; on ne peut relever la noblesse qu'en la constituant en corps; on ne peut la constituer en corps qu'en lui donnant une prérogative utile dans la législation: mais pour que cette prérogative en soit une réelle, ils est indispensable que la noblesse puisse en jouir dans l'indépendance comme noblesse, comme ordre de l'état et non dans une combinaison, dans un amalgame qui la mêlant à des élémens hétérogènes, d'une nature inférieure, lui feraient perdre de la sienne. Une constitution d'états peut n'être qu'un travail préparatoire; qui peut prévoir les événemens? de nouvelles guerres peuvent agiter les esprits, des commotions avoir lieu, des exemples séduire, égarer l'opinion. Lancés dans la carrière si chanceuse des réformes politiques et des essais en législation, les peuples peut-être ne se contenteront pas toujours des avantages qu'ils auront obtenus; possédant beaucoup ils voudront tout avoir; alors une mauvaise organisation d'états n'ayant rien prévu, n'empêchera rien parce qu'elle n'aura pas donné les contrepoids suffisans.

Un corps de noblesse bien constitué, rendu indépendant, relevé à la faveur d'une prérogative dans la législation qui lui donnera quelque éclat et quelque influence, sera là pour défendre la couronne, et nous sauvant de nos propres erreurs, soutiendra nos institutions. En un mot une constitution d'états est une chose excellente, mais elle ne l'est qu'autant que ses élémens constitutifs sont organisés de manière à ne pouvoir pas se confondre.

Et que l'on se garde bien de croire qu'il fut possible que de nos jours, au point où les choses sont venues, le tiers réuni à la noblesse dans une constitution quelconque se jugeât par là appartenir à la noblesse. La roture restera la roture; elle verra toujours la noblesse d'un oeuil joloux; elle opinera et votera dans le sens qui lui est propre et fera l'impossible pour supplanter une aristocratie gênante qui raisonnablement doit avoir une tendance diamétralement opposée. Toute la force d'action est aujourd'hui dans ce pouvoir populaire qui depuis trois siècles cherche à détruire les pouvoirs intermédiaires: donnez lui un accroissement de puissance en le faisant entrer pour la représentation au sein de la noblesse, vous déchirez le corps aristocratique et vous verrez bientôt ce que peuvent des communes. Les nobles qui n'attacheront aucun prix à une prérogative qui les mêle à la roture, se déferont plus que jamais de leurs terres: les communes heureuses de leur influence en voulant l'augmenter, mettront encore plus de prix à les acquérir et bientôt domineront et la noblesse et la royauté. Tout cela s'est déjà vu et tout cela a fait des révolutions; il est des choses qui se font partout parce qu'elles dérivent d'une cause générale et pour demander le tems, n'en sont pas moins inévitables.

Revenant enfin à notre première considération sur les moyens qui nous restent pour rétablir une balance, nous proposerions, qu'après avoir constitué la noblesse sur les bases énoncées, la prérogative législative fut héréditaire au premier né de manière que sans proclamer intempestivement un droit général de primogéniture pour la succession des biens, ce droit fut légalement établi pour l'influence sur le gouvernement. À cet effet les nobles siégeant comme corps au premier banc des états seront tenus à créer chacun un majorat fondé exclusivement sur la propriété territoriale et sanctionné par le gouvernement même sur des principes qui n'en permettent dans aucun cas l'aliénation; un simple contrat de famille facile à dissoudre de l'aveu des contractans, ne peut ni ne doit suffire. Puisque le prince consent à se dépouiller en faveur des sujets d'une part de son pouvoir, il a droit à des concessions réciproques et au sacrifice d'une portion de la propriété des citoyens, non dans son intérêt mais dans celui de la chose publique,

Chapitre VIII.

car l'intérêt du prince s'il était possible de le séparer de l'intérêt commun, serait plutôt pour le mode fixé par le code civil. Les Anglais comme inspirés par un esprit prophétique, ont toujours raisonné à cet égard plus juste que nous. Par la nature de la loi féodale le souverain est censé seigneur suzerain *) de toute la terre du royaume. On ne connait pas le franc alleu en Angleterre; toutes les terres grandes et petites, sont des fiefs relevant de la couronne, indivisibles et inaliénables, disposition qui remonte à la conquête et qui établissant des droits et des obligations réciproques entre le monarque et les vassaux, forme ce lien indissoluble de la monarchie et de la propriété qui est la plus ferme garantie des franchises nationales. La rigueur de la loi est telle que si le souverain donnait une terre sans investiture, la donation serait nulle et de nul effet. En Angleterre les idées de propriété se sont subordonnées à l'esprit de la loi féodale. Les fiefs y sont considérés moins comme patrimoniaux que comme usufruit; c'est un domaine

---

*) Les servitudes militaires sont abolies depuis Charles II., depuis que l'Angleterre eut des armées régulières; il n'est resté à la vérité sur les fiefs que des charges honorifiques; mais la fiction de la mouvance féodale s'est conservée par l'investiture à la quelle les terres sont tenues, et le roi est tellement le suzerain, que tous les crimes et délits sont traités de félonie et punis comme violation du serment de foi et d'hommage prêté à la couronne. Lord Paramount.

utile plus qu'un domaine direct. Il ne viendrait pas dans l'idée à un baron anglais d'aliéner des biens fonds dont il ne se juge que l'usufruitier, et qu'il se croit tenu à laisser aux mêmes conditions à son héritier tels qu'il les a lui même reçus soit par héritage immédiat, soit en vertu de ce droit de substitution qui permet aux Anglais de se substituer des héritiers à l'infini pour assurer l'intégrité du fief. Dans nos pays où la loi féodale fut éclipsée par la loi romaine, nous avons pris d'autres notions et nous ne reconnaissons au prince sur la propriété foncière des particuliers qu'un droit fort restreint, parce que dans toutes nos combinaisons nous partons de principes de droit naturel; mais c'est souvent fort mal conclure que d'inférer des droits primitifs de l'homme pour constituer la société. Des lois qui au premier abord paraissent contraires à l'équité naturelle, ne le sont pas quand on les examine à fond, et des lois qui semblent gênantes et dures à quelques particuliers n'en sont pas moins sages dès qu'elles tendent à l'avantage de la société entière. C'est un tout auquel un législateur éclairé sacrifiera constamment les parties. On a fait en dernier lieu dans quelques pays des lois expresses pour encourager les familles à convertir d'anciens fiefs en alleus: rien n'est plus mal vu; c'est inviter au morcellement, c'est rompre les faibles liens qui attachent encore les terres au gouvernement.

Qu'un libéralisme faux et outré applaudisse à ces mesures, cela peut se concevoir, car rien n'est plus fait pour abîmer les monarchies, mais que le législateur s'abuse à ce point, c'est ce qu'on a peine à comprendre. Presque toutes nos terres sont devenues allodiales, il n'y a plus que peu de fiefs. En France, la révolution a pour jamais détruit la matière féodale : le gouvernement voit morceler sans pitié le sol de l'état sans avoir aucun droit positif de l'empêcher. Une association connue sous le nom de bande noire, s'occupe à aplanir le domaine dans toute l'étendue du royaume. Toutes ces conséquences d'une législation vicieuse pouvaient suffire tant qu'il ne s'agissait que d'obéir à un seul pouvoir, et que l'égalité produite par le partage des biens, loin d'être un inconvénient répondait à nos lumières et à nos besoins, mais aujourd'hui que l'on rejète l'obéissance aveugle et l'état simplement passif, aujourd'hui que l'on veut une part dans les lois, le nivellement devient un abus et l'ancien mode de succession un mal et un obstacle à la vraie liberté. Sans monarchie point de liberté, sans noblesse point de monarchie, mais aussi point de noblesse sans droit d'aînesse et sans grande propriété. Si l'on veut sérieusement de bonnes réformes, que l'on s'occupe du soin de rétablir des contrepoids en tirant la noblesse de son abaissement, ce qui n'est possible qu'en concentrant davantage les terres dans les familles. Constituer la noblesse au moyen d'une bonne organisation d'états, rendre son droit héréditaire selon l'ordre de primogéniture, subordonner la jouissance du droit politique à la propriété territoriale, tel est, nous osons le dire, le seul moyen qui s'offre à notre esprit pour rétablir une sorte d'équilibre entre les forces disproportionnées de l'état et réparer autant que possible le mal que nous a fait notre jurisprudence. Nous ne désespérons pas du salut de la chose publique au point de croire que ces améliorations soient autre chose que le rêve d'un homme de bien; elles sont encore possible pour peu qu'on les veuille, mais plus on tardera plus elles seront difficiles, et le terme est aisé à prévoir où elles seront tout à fait hors de la puissance des hommes.

Car il est dans l'ordre naturel des choses que le pouvoir des communes augmente de jour en jour, et que le corps aristocratique si on continue à s'en occuper si peu, faiblisse tous les jours davantage. L'essor que va prendre le commerce à la suite de l'indépendance de l'Amérique; les richesses qui reflueront du nouveau monde sur l'ancien; les progrès de l'industrie; l'abolition des entraves commerciales; le jour qui se répand sur les vérités économiques, et plus que tout cela, un accroissement général de population dont il résulte toujours de nouveaux intérêts et de nouveaux besoins, toutes ces causes réunies, agissant sans interruption, serviront à donner aux nations un élan, dont le tiers-état surtout profitera au détriment du corps noble qui ne trafique pas, qui ne spécule pas, qui n'a aucun moyen de s'enrichir, pour lequel tous les grands événemens du globe sont désormais sans intérêt matériel et auquel il ne resterait en dernière analyse qu'à se faire roturier, pour avoir au moins une part aux bénéfices de la roture.

Ce furent dans nos monarchies les terres qui firent la noblesse, ce fut la privation des terres qui la perdit; tâchons donc de la relever en lui sauvant la propriété foncière.

Ce fut encore l'inutilité des nobles dans l'ordre politique qui les déconsidéra: rendons les nécessaires au bien public, et l'opinion les soutiendra.

Propriétaire et utile, la noblesse ne sera plus un vain préjugé, mais une réalité; elle aura quelque puissance et elle fera le bien qui justifiera sa puissance.

Elle ne foulera plus le peuple, ces tems sont fort loin de nous; mais elle comprendra que pour ne pas périr une seconde fois, elle devra soutenir tour-à-tour le prince contre le peuple et le peuple contre le prince.

Elle séparera les élémens, mais elle ne les divisera pas; elle sera le lien entre tant d'intérêts qui ne s'agitent aujourd'hui que parce que rien ne peut les lier.

Elle a eu sa part de la civilisation, elle sentira que le droit est pour tous, que le privilège est non seulement une injustice mais même une absurdité, et que si la monarchie réclame des corps et des ordres différens, la loi doit être égale.

Placée sur les marches du trône, elle donnera l'exemple du saint respect que doit inspirer la royauté aux peuples qui veulent être libres; il faut par une vénération religieuse faire oublier au prince qu'il n'est pas tout puissant; moins il a de pouvoir, plus il lui faut d'hommages.

Enfin l'honneur, la modération, la franchise seront son caractère; elle ne craindra point de faire entendre des vérités utiles, et au moment du danger le salut public sera sa suprême loi.

Heureuse Angleterre, c'est dans ton sein que brillent ces vertus! Ah, pourquoi avant de demander ton gouvernement, ne cherchons nous pas à atteindre aux idées nobles et grandes qui le soutiennent!

Ainsi constitués les états seront convoqués par le souverain, d'abord séparément dans les provinces, plus tard collectivement dans la capitale sous les yeux du prince, pour rendre compte de leur travaux. Leurs attributions seront purement consultatives; ils donneront leur opinion sur ce que le gouvernement leur proposera mais pourront aussi lui soumettre des propositions. Les objets spéciaux dont ils s'occuperont seront la finance et la jurisprudence proprement dite. La loi de l'impôt sera donc soumise à leur examen; rien ne semble plus naturel; les meilleurs juges de l'impôt sont avant tout les contribuables, et dans tout état la finance ne peut être bien réglée qu'au moyen d'un organe légal qui fasse connaître à l'autorité les besoins des provinces et l'étendue de leurs ressources. Il en sera de même pour ce qui regarde la sûreté des particuliers; dans cette partie si délicate de la liberté il est heureux que les sujets puissent concourir aux lois dans une proportion convenable; quand le pouvoir qui exécute les lois est seul chargé du soin de les faire, la liberté civile peut être moins bien assurée. C'est au gouvernement à décider à quel point il serait utile d'adjoindre aux états lorsqu'il s'agira de la jurisprudence civile, des hommes de loi capables de les éclairer sur des matières de droit qui demandent des études et des vues que de simples propriétaires possèdent rarement. Nous jugeons cette mesure indispensable pour que la représentation ne s'égare pas mal à propos dans le dédale des lois. Mais ni la politique, ni les rapports extérieurs de l'état ne seront encore de la compétence de la représentation; cet objet exige une somme de données que les particuliers ne peuvent pas avoir, et qui sont le secret du gouvernement. Il n'y a qu'à voir comment dans quelques pays nouvellement constitués, des orateurs passionnés divaguent éloquemment sur cette matière et sur les premières notions du droit public. La liberté civile tient il est vrai de fort près à l'indépendance nationale: mais on doit nécessairement admettre qu'un gouvernement légitime qui ne serait rien sans cette indépendance, ne fera rien qui puisse la mettre en péril, et que tenant tous les fils de la politique européenne, il est aussi seul à portée de juger de sa situation dans l'organisation générale. Le but d'une bonne représentation est d'aider l'état non de l'embarrasser et de l'affaiblir par des discussions oiseuses et des prétentions déplacées. Les états ne s'occuperont donc que d'objets d'administration. Il n'y aura d'ailleurs ni publicité des débats ni tribune aux harangues ni journaux pour répéter et commenter des discours, toutes choses encore contraires à nos moeurs et qui, imprimant à la machine un mouvement trop accéléré, briseraient ses ressorts: elles nous feraient dépasser le tems et le tems se venge quand on prétend en savoir plus que lui. Mais le résultat du travail des états sera rendu public après chaque session générale, et selon les pays et les peuples, il pourra exister une certaine liberté de la presse qui permette aux particuliers de se prononcer avec connaissance de cause sur les matières que la représentation aura traitées, car il est incontestable que quelque bonne que soit une représentation, il existera encore hors d'elle des hommes éclairés qui n'en peuvent faire partie et dont les lumières sont précieuses.

Tout ce que l'on voudrait établir de plus dans l'état actuel du corps social, serait le sûr moyen de n'avoir absolument rien.

La convocation, l'ouverture, la prorogation, la clôture des états, tout ce qui tient aux formes de leur réunion, au mode des propositions, aux dispositions réglementaires des élections, sera exclusivement du ressort du gouvernement qui aura soin de conserver la plus grande influence sur la représentation. Quelque restreinte que soit une représentation nationale, quelque soit sa forme, elle demande encore à être surveillée et renfermée dans ses limites naturelles. Il faut le dire sans cesse; en Angleterre c'est le corps entier de la noblesse qui surveille la représentation; dans nos monarchies, à défaut de noblesse, le dépôt de la liberté doit appartenir au gouvernement: de cette condition dépend notre avenir.

De cette manière les monarchies gagneront une base, un point de départ pour une bonne recomposition; elles auront le tems de voir autour d'elles, de poursuivre leurs réformes et d'y mettre cette gradation qui les rend faciles en y accoutumant lentement les esprits. Elles resteront maîtresses des événemens, avantage précieux dans la corruption et la chaleur des idées produites par le funeste niveau.

Ajoutons encore qu'une constitution d'états organisés comme nous le proposons, non seulement rétablira des contrepoids en démêlant nos élémens confondus, mais aura de plus l'avantage de constituer les monarchies, c'est à dire de préciser et de définir par une loi fondamentale les droits de la couronne et ceux de la nation; et il nous semble, en réfléchissant à l'agitation du corps social, qu'une de ses causes principales soit encore le vague qui règne à cet égard dans la législation de plus d'un pays. Quand les hommes sauront au juste jusqu'où peuvent aller leurs prétentions, ils en formeront de moins exagérées. Ne rien préciser c'est fournir aux hommes le prétexte de se tromper sur leurs droits et de demander sans cesse. Là où l'ordre politique n'est pas constitué, il se décompose; c'est toute notre histoire.

Nous voudrions encore que les gouvernemens sentissent moins de répugnance à faire des nobles, non pour augmenter outre mesure leur nombre qui n'est déjà que trop grand, mais dans le but de rendre quelque éclat à l'institution en l'honorant de l'estime des rois. Nous savons tout ce qu'on peut dire contre les ennoblis: le droit de conférer la noblesse a souvent conduit aux abus. En France par exemple, il suffisait avant la révolution d'acheter pour une modique somme une charge de secrétaire du roi pour avoir la noblesse; de là cette foule de petits gentilâtres dont quelques pays abondent, qui n'ayant pour toute noblesse qu'une particule devant leur nom et n'ayant souvent pas de quoi vivre convenablement, ne savent au fond où prendre leur rang, se meuvent en tout sens, forment des prétentions singulières et donnent beau jeu à la démocratie pour les livrer à la risée publique. Ce n'est pas de cela qu'il s'agit. La prérogative de la couronne de donner la noblesse est une des plus belles et des plus utiles. En Angleterre où avec tant de vieilles choses se conservent de si beaux souvenirs, le roi toutes les années à des occasions solennelles crée un certain nombre de comtes, de barons, de lords ou de simples chevaliers. L'investiture se donne avec toutes les formes et les cérémonies féodales. Nous en avons été témoin plusieurs fois, et nous avons pu nous convaincre de l'estime et du respect dont jouissaient ces nouveaux nobles dans le corps de la noblesse. Pourquoi dans nos monarchies dont les besoins sont bien plus urgens, la même chose ne se ferait-elle pas? L'essentiel est seulement de faire de bons choix et de ne pas conférer la noblesse à des sujets indignes, souvent du plus bas étage et s'élevant à la faveur de l'intrigue et de la bassesse. Tous les souverains d'Europe sont dans l'habitude de célébrer l'aniversaire de leur naissance et de leur couronnement, c'est à de semblables occasions où les regards se fixent sur le trône, où les sujets aiment à contempler la majesté du prince, que les rois doivent se montrer en faisant quelque acte de royauté. Que tous les ans la noblesse soit donnée avec discernement à un très petit nombre d'individus choisis soit parmi les propriétaires, soit parmi les fonctionnaires publics les plus recommandables par leurs services, rien ne sera plus propre à relever l'aristocratie de naissance dans l'opinion. Il serait encore utile que ces créations de gentilshommes se fissent avec quelque appareil. Les hommes sont naturellement portés à aimer les cérémonies : ce qui plait à leur imagination, laisse en eux une impression favorable; il faut un peu parler aux sens. Le trône pour être toujours respecté, a besoin d'éclat. Ce n'est pas tout de chérir, de vénérer le prince qui en fait l'ornement, il faut encore que toutes les idées se rattachent à la sainteté de l'institution et que celle-ci soit à couvert de la mobilité de l'esprit humain en se plaçant si haut qu'on ne puisse y atteindre. La royauté doit être plus qu'une magistrature. Depuis qu'une grande noblesse n'environne plus le prince et ne lui communique plus de sa splendeur, la royauté s'est simplifiée à un point qui la rapproche beaucoup trop des classes inférieures. On dirait que l'égalité a gagné jusqu'aux cours. Rien n'est plus touchant sans doute que de voir un prince descendre des degrés du trône pour se mêler à son peuple, et c'est assurément une belle manière de règner que de règner par l'amour des sujets ; mais dans cet épanchement mutuel il ne faut pas que les hommes perdent de vue l'institution et confondent mal à propos la personne du prince et la royauté. Rien n'est plus inconstant que le peuple; on l'a vu adorer son prince et le couvrir d'ignominie. Conférer la noblesse étant une prérogative exclusive de la couronne qui la place au dessus de toutes les classes de la nation et lui donne un grand relief, l'usage de cette prérogative sera toujours un acte imposant de royauté. En donnant la noblesse avec quelque solemnité, les rois lui assigneront une place sur les marches du trône, et en montrant par là le cas qu'ils en font, ils l'engageront à se respecter davantage elle même. Une simple lettre de notification transmise par un valet de bureau, une annonce dans la gazette ne feront pas considérer un ennobli. Il en sera de même pour le nouveau noble trop disposé aujourd'hui à rire de son élevation et à s'amuser d'un rang dont il ne saisit ni la valeur, ni les devoirs; parce que de la manière dont il le reçoit, il ne peut y voir qu'un moment de faveur passagère sans y voir un rapprochement du trône et une obligation sacrée d'en prendre la défense. Alors aussi disparaîtront toutes ces prétentions des anciens nobles sur les nouveaux, prétentions nées d'un faux orgueuil qui divisent la noblesse et font souvent regretter aux ennoblis le rang dont on les a fait sortir. Il n'est jamais venu dans l'esprit à un lord d'Angleterre de traiter avec dédain un nouveau noble, de vanter l'antiquité de sa race et de ravaler des maisons moins anciennes. Le seul avantage qu'ont sur de nouveaux nobles les vieilles familles, c'est le tems; c'est un avantage bien négatif et qu'elles ne se sont pas donné. Le premier comte, le premier baron ne sont pas tombés du ciel, ils ont été faits, et en remontant aux origines et à l'histoire des tems féodaux, nous trouvons des noms et des titres établis par la force dont nous ne voyons pas qu'on puisse tant se glorifier. Un noble qui devra sa noblesse à des talens et à des services utiles au roi et à l'état, devra être tout aussi respectable que l'ancien noble qui tenant la sienne du hazard, n'aura rien fait par lui même pour être si fier de sa naissance. Mais il serait à souhaiter que l'on fît une distinction entre la noblesse héréditaire et la noblesse des personnes. Pour être héréditaire, la noblesse devrait exiger la propriété territoriale, où tout au moins une fortune indépendante. C'est un abus de transmettre la noblesse à des enfans pauvres, dépourvus de moyens d'existence, et qui tout gentilshommes qu'ils sont par les mérites du père, n'en sont pas moins forcés pour gagner leur vie d'embrasser quelque métier qui les confond avec les dernières classes de la roture. On voit aujourd'hui *) des fabricans, des négocians, des commédiens prendre le „de", et se rengorger d'un titre que l'autorité ne devrait pas leur laisser. Les lois défendaient autrefois aux nobles de remplir un état au dessous de leur rang: ces lois paraissent oubliées et tombent en désuétude dans la confusion générale. Quel mal cela ne doit-il pas faire, et comment la roture pourrait elle considérer un ordre de l'état dont font partie des individus qui vivent de notre superflu, ou qu'on peut siffler pour un petit écu? Nous connaissons encore des familles ennoblies réduites à la mendicité, demandant l'aumône au tiers qui en a compassion. Tout cela est déplorable et doit dissoudre la société; mais la question si importante de la noblesse n'a pas été comprise dans nos monarchies, ni par les nobles imprudens et tyranniques, ni si on ose le dire, par les gouvernemens qui n'ont toujours vu dans les grands que des ennemis au lieu d'y voir leurs premiers défenseurs. Sans doute l'ancienne féodalité fut un mal dans ses abus, et rien ne se conçoit mieux que la tendance des rois et l'aversion des peuples; mais il eut été facile plus tard d'abolir les abus et de maintenir l'institution. En coupant un grand mal à la racine, on est tombé dans de plus grands maux.

---

*) Surtout dans nos pays d'Allemagne qui ont un besoin indispensable d'une loi organique sur les rapports de la noblesse.

Prenant ainsi le parti de la noblesse de naissance, on nous soupçonnera sans doute de vouloir frustrer le troisième ordre des avantages nombreux dont il jouit dans l'ordre politique depuis plus d'un siècle. Cette idée est fort loin de nous. Nous le déclarons hautement, il n'existe, il n'existera jamais qu'un seul bon principe d'administration: c'est que les places, les emplois publics appartiennent indistinctement à tous les membres de l'état et qu'il n'y ait ici d'autre règle que la capacité. Une bonne administration est la première condition de la durée de l'état, et il n'y a que le talent qui puisse bien administrer. La naissance ne donne pas le génie; on peut être un fort grand seigneur et un homme fort médiocre. Là où le gentilhomme et le roturier sont en concurrence pour les places, si le roturier est plus capable, il doit l'emporter. Il n'y a pas d'administration sans ce principe. Que la finance, le barreau, l'armée, le sacerdoce, toutes les branches du service puissent appartenir au tiers sans qu'un grand nom soit suffisant pour les remplir, l'état s'en trouvera toujours bien, et il verra se développer de grands talens et de beaux génies dont tous les gouvernemens ont besoin même dans les tems ordinaires. Ce principe fondé sur la saine raison, fait toute la force de l'administration anglaise, la plus forte de toutes les administrations; la noblesse y est tellement confondue avec la bonne roture que le roi prend dans celle-ci ses ministres, ses généraux, ses ambassadeurs, quand l'individu offre la garantie du talent, la seule qu'on demande. De là sans doute cette multitude d'hommes illustres en tout genre dont l'Angleterre s'honore, et dont la nation est d'autant plus en droit de se faire une gloire, que les grandes réputations s'élèvent au milieu d'elle presque toujours par ses suffrages. C'est sur les talens et les vertus que se mesure en Angleterre la considération personnelle, bien plus que sur la naissance et les titres; on y dresse des mausolées, on y érige des statues au philosophe, à l'artiste, au vaillant homme, au grand citoyen, soit que le tableau des pairs en revendique le personnage, soit que la classe des communes le prenne pour un de ses membres. Quand dans les monarchies la naissance seule a été consultée, elles ont rapidement baissé. Le règne de Louis XV fit sous ce rapport un mal irréparable; l'administration et l'armée étaient entre les mains des nobles et des parvenus; la brigue et la faveur faisaient tout, le talent n'était compté pour rien, et lorsque la grandeur des circonstances exigea le vrai génie, la médiocrité fut plus grande encore que les difficultés. Ce ne fut pas une des moindres causes du bouleversement que ce dédain qu'on affectait pour la roture. Les hommes supportent tout excepté le mépris. On put alors se donner le spectacle des choses humaines. La roture arracha au gouvernement ce qu'il eut fallu lui accorder de bonne grâce, et une fois en possession de la faculté de remplir les emplois publics, se voyant si puissante, après avoir été si nulle, elle ne sut pas se borner et ne fit usage de ses talens que pour creuser l'abîme qui devait tout engloutir. Le troisième ordre généralement moins favorisé dans les cours, est obligé pour parvenir aux emplois qui le font vivre, de se soumettre à des études réglées et d'acquérir des connaissances administratives qui le fassent connaître et rechercher. Les nobles plus indépendans se vouent de préférence à la carrière des armes, qui en tems de paix est à peu-près inutile et n'a rien de commun avec l'administration proprement dite. Cette direction de la noblesse lui est transmise par tradition et par un reste d'esprit féodal. Il fut un tems où le gentilhomme aurait crû se compromettre s'il acceptait une charge civile, et où il fallait faire preuve de noblesse pour avoir le droit de se faire tuer à la guerre ou de végéter dans une garnison. Ce n'est pas ce qui a le moins contribué à l'inutilité des nobles et à l'importance de la roture. Aujourd'hui même l'idée d'entrer dans un corps militaire paraît encore à quelques anciens nobles la plus honorable, et dans beaucoup de familles l'éducation se borne aux premiers rudimens, on ne se croit pas tenu à faire des études bien profondes pour commander un jour un régiment. Les véritables connaissances administratives sont en général dans la bonne partie du tiers état forcé à subir un examen rigoureux pour remplir les places. S'il était possible que de nos jours, un gouvernement effrayé des progrès de la démocratie, jugeât pouvoir les borner en élevant dans l'administration la noblesse aux dépens de la roture, en dégoûtant le tiers, en l'irritant plus que jamais contre les pouvoirs intermédiaires, nous sommes persuadés qu'il en résulterait de sa part une dangereuse réaction et que ce gouvernement se préparerait gratuitement de grands embarras. Parmi ces conquêtes du tiers il en est de justes et de légitimes qu'on ne saurait lui reprendre sans le choquer, et qu'il ne céderait pas sans résistance. Il s'en suivrait une lutte morale qui dégénérerait bientôt en guerre ouverte dans laquelle le grand nombre finirait par l'emporter. Ce serait même se priver de ses matériaux, car nos monarchies qui n'ont plus qu'un vaste tiers état à leur disposition, ont besoin de ce tiers pour se recomposer, et ne peuvent plus rien sans lui.

Ainsi bien loin de reproduire de vieilles prétentions chimériques et de combattre l'intérêt réel du troisième ordre que nous considérons toujours comme la matière première d'un état civilisé, nous voulons seulement en relevant la propriété foncière et en la concentrant le plus possible dans des mains aristocratiques, poser de loin quelques fondemens à une institution monarchique sur ce sol aride et desséché qui n'a plus d'institutions. Distinguant soigneusement l'administration proprement dite de la représentation nationale qui sera le gardien de nos franchises, nous voudrions que l'une fut le partage du tiers et l'autre en majorité celui d'un corps indépendant dont la conservation fut la première loi. Nous ne proposons pas de priver entièrement la roture du droit d'acquérir la propriété territoriale; les richesses du commerce, les spéculations de la banque peuvent fertiliser le territoire; c'est contre l'excès seulement que nous désirons des garanties, c'est une mesure, une juste proportion que nous demandons dans l'intérêt de nos lois futures et cette proportion n'existe plus. Quand un jour la noblesse à la faveur de ce système, aura repris quelque ascendant dans les rapports sociaux, peut-être pourrons nous alors lui remettre avec succès le dépôt de nos droits et lui confier un pouvoir plus étendu dont aujourd'hui dans son extrême faiblesse, elle ne ferait usage que pour se le voir aussitôt arraché.

En résumé, notre état social est tel, qu'il nous reste bien peu de moyens d'être libres. Avant d'établir le gouvernement représentatif, débrouillons nos rapports et tâchons d'acquérir d'abord la matière d'une bonne représentation. Avant de prétendre au sublime d'une législation, commençons par rétablir dans l'organisation sociale des contrepoids. Or le meilleur contrepoids qu'on puisse avoir, c'est un corps aristocratique constitué et revêtu de fonctions législatives. Faire des concessions à l'esprit du siècle est une nécessité, mais elles ne sont sages qu'autant qu'on puisse les borner à ce qu'elles doivent être, en créant des résistances et des limites naturelles. Ce que nous proposons aura dans son exécution, le double but de recomposer nos monarchies, et de satisfaire au voeu des peuples dans la juste mesure de leurs intérêts réels, sans nuire à leur position respective.

Nous ne parlons pas du besoin de la paix. On ne réforme pas dans le trouble des guerres. Ce que nous avons dit de l'état des sociétés doit prouver que l'Europe est bien malade, que tous les gouvernemens ont besoin de s'entendre, et que la plus belle matière d'un congrès serait sans doute la question si importante de nos lois. Des guerres, des conquêtes nous rejeteraient en arrière et hâteraient notre entière dissolution. Ce n'est pas à conquérir; c'est à conserver qu'il faut tendre; conquérir serait s'affaiblir. Il y a dans tout corps politique un maximum de force qu'il ne saurait passer et duquel souvent il s'éloigne à force de s'agrandir. Plus le lien social s'étend, plus il se relâche.

CHAPITRE VIII.

Un immense empire existe en Europe, qui du haut du pôle semble n'avoir qu'à se laisser aller pour écraser tous ses voisins. Un ambitieux est venu l'envahir comme pour l'appeler. Repoussé jusqu'aux frontières de l'Asie, adossé aux limites du monde, le peuple russe tint ferme et reflua sur le midi dès que la violence s'affaiblit. Il est arrivé de nos jours ce qui arriva sous les Romains et sous Charlemagne qui firent la même chose: les peuples du nord pressés par les Romains et par les Francs, cédèrent quelque tems, puis se portèrent sur l'Italie et sur la France. La Russie par son admirable constance, a affranchi l'Europe du joug d'un despote; mais plus elle s'étend, plus sa jurisprudence se complique. Les lois seront bien difficiles dans un empire qui touche à la Chine et au Brandebourg.

CHAPITRE IX.

Conclusion.

Quelques unes de nos idées paraîtront exagérées ou déplacées; mais nous demanderons aux novateurs qui veulent la perfection sans base, qu'elle garantie ils nous offrent de sa durée? Ils nous diront „notre vertu". Nous respectons beaucoup la vertu, mais nous connaissons la fragilité humaine.

Ils s'occupent peu de l'avenir ceux qui rapportent tout à leur personne. „Après moi le déluge" est l'adage de bien des gens; mais la société n'est pas seulement l'assemblage de ses membres présens, elle est encore celui de ses membres futurs; tout ce que nous y possédons n'est qu'usufruit, nous en devons compte à la postérité.

La république en Europe est une sottise, tout le monde le sait, tout le monde le dit; pour qu'un gouvernement républicain puisse se soutenir, il faut que dans sa naissance il ait été ce qu'il est, et n'ait pas été autre chose, que tout de prime abord y ait été disposé à recevoir telle forme et non une autre, qu'on n'ait rien eu d'ancien à ménager. Dans les états qui ont été autre chose avant d'être républicains, tout se heurte et se choque; les élémens de l'ancienne forme ne sont pas ce qu'ils devraient être dans la nouvelle, il est impossible de les combiner, et la république moderne faite peut-être des débris d'une vieille monarchie, tombe, parce qu'elle ne renferme rien de républicain et que les élémens monarchiques trouvent moyen de se rejoindre et reprennent aisement le dessus. Il n'est pas donné à quelques hommes d'extirper dans les républiques nouvelles les élémens anciens. La révolution avait fait en France l'impossible pour y parvenir, la monarchie n'en est revenue que plus vîte. Les Brutus du coin et le bonnet de la liberté ne font pas la république. Nous parlons de nos tems, de nos moeurs; n'allons pas chercher dans l'antique Rome le modèle de nos républiques. Rome pour avoir si longtems duré, avait des vertus qui nous sont étrangères; et d'ailleurs la liberté ne fut pas longue chez les Romains. La liberté républicaine n'est pas la vraie liberté. L'expérience a prouvé qu'un grand nombre d'hommes ne peut agir sans être à leur insçu, les instrumens d'un petit, et le pouvoir du peuple n'est toujours que le pouvoir de quelques hommes, qui sans qu'on sache bien ni quand ni comment, s'en approprient les ressorts et les font mouvoir à leurs propres desseins. Il y a dans la république plus de vraie servitude que de vraie liberté.

On peut faire d'une république une monarchie, et toutes ont fini par là, parce que dans les corps politiques, tout tend à la concentration des forces; mais il est impossible de faire d'une monarchie une république. Dans les monarchies les élémens républicains peuvent devenir monarchiques, les honneurs, les dignités, les richesses, seront toujours des objets de convoitise pour les hommes: mais dans les républiques d'anciens élémens monarchiques ne deviendront pas républicains par cela seul, que changeant de nature ils perdent au lieu de gagner, la république mettant tout de niveau.

Pour qu'en Europe le régime républicain pût se soutenir, il faudrait encore que toutes les monarchies se donnassent le mot pour l'avoir en même tems; car un monarque qui aura à côté de lui une république qu'il ne pourra souffrir, tombera dessus; ce qui suppose la guerre et l'armée, les deux choses qui finissent toutes les républiques.

Et puis ce luxe qui nous amollit, cette soif de l'or, cette fureur de places, cet orgueil et cet égoisme qui nous dévorent, comment tout cela s'accorderait-il avec les moeurs simples de la république ?

Aussi lorsque nous soutenons par des argumens puisés dans l'histoire, que les courans populaires et l'opinion publique nous poussent à des tendances républicaines, nous sommes loin de croire qu'en Europe la république proprement dite puisse s'établir sur les ruines de nos monarchies: mais il n'est pas moins vrai qu'elle peut momentanément éclipser la royauté et troubler l'état pendant quelque tems, au point de supplanter nos dynasties légitimes, pour ensuite par la force et la marche naturelle des choses, rétablir la monarchie sous des dynasties nouvelles à l'ombre de la tyrannie. Le plus adroit nous gouvernera, et nous serons trop heureux d'obéir.

Il ne faut pas s'aveugler au point de croire que cela soit impossible, ce serait faire trop d'honneur au siècle et à l'humanité.

Qu'un gouvernement pressé par la circonstance, s'abandonne sans réserve à l'esprit nouveau; ou, ce qui malheureusement est plus admissible, qu'un peuple entrainé par la violence des passions, force son prince à toutes les concessions qui lui semblent assurer le mieux sa liberté, qu'arrivera-t-il ?

Toutes les idées modernes de gouvernement libre et de constitution représentative venant de l'Angleterre, on voudra de préférence se donner la forme anglaise.

Mais quoi qu'on fasse, quelques mesures que

l'on prenne, quelques dispositions réglémentaires qu'on invente, toute la force de la représentation sera aux communes et dépendra de leur mobilité: la chambre héréditaire n'aura point d'influence; nulle comme le serait une cour des aides, une cour de justice ou tout autre corps d'administration, elle ne sera là que pour dire oui ou non, et pouvant encore être divisée dans elle même, la couronne augmentera continuellement ses membres pour s'assurer une majorité, ce qui l'affaiblira toujours davantage. À travers tous les incidens la législation restera en majeure partie à l'élément démocratique: de ce moment les lois qui en découlent, auront plus ou moins la nature et l'esprit de la démocratie, et la monarchie se décomposera en détail par les lois même, ce qui est le sûr moyen de la faire périr sans presque qu'on s'en aperçoive.

Alors, pour peu que la nation ait poussé l'imprudence jusqu'à se réserver l'initiative des lois *), en ne laissant au prince qu'un simple *Veto* soit absolu soit suspensif, rien ne pourra sauver la royauté; prince, noblesse et peuple, tout ira se perdre dans la république.

Veto signifie je défens: une défense implique la force et le pouvoir d'empêcher, mais on conçoit qu'il ne peut être question ici que d'une force simplement morale et non d'une force coac-

---

*) Constitution du Portugal du 29. Avril 1826.

tive. Dans un gouvernement où tout se balance si parfaitement qu'il n'y ait qu'une seule volonté, qu'un seul intérêt, celui de maintenir la chose établie parce qu'elle répond aux voeux et aux besoins de tous, la force morale doit être d'un grand poids, et lorsque le roi d'Angleterre fait usage de son *Veto*, cas du reste extrêmement rare par toutes les causes que nous avons indiquées, il n'en résulte aucun inconvénient, rien n'est dérangé, tout demeure à sa place; un moment arrêtée, la machine reprend son mouvement et n'en marche que mieux; personne n'en veut à la couronne d'un refus qui semble nécessaire; il n'est à tous les yeux qu'un effet salutaire de la sagesse et de la prévoyance du prince. Mais dans un état constitutionnel mal pondéré où les communes feront la loi, à quoi peut servir la force morale, et comment envisagera-t-on le refus du monarque? Que la loi refusée soit mauvaise, personne n'en conviendra; que le refus de la couronne soit dans l'intérêt bien entendu de l'état, personne ne voudra le voir. Ce ne sera qu'un acte arbitraire, une injustice qu'il faut écarter, une résistance hors de saison, contraire au bien public, à laquelle par mille moyens les communes sauront mettre fin, et comme il s'agit ici d'une lutte continuelle entre la royauté et la république, ce refus se reproduira d'autant plus fréquemment que le prince, pour sa défense, sera forcé de refuser sa sanction à presque toutes les lois qui lui seront présentées. Que peut alors dans l'isolement du trône, un mot, un simple mot, contre les attaques sans cesse renouvelées d'un pouvoir qui s'arme de la finance, de la liberté de la presse, de la licence de la tribune, de ces trois formidables leviers avec lesquels une assemblée corrompue soulevera la royauté à ses derniers fondemens? La loi ordonne que l'impôt sera voté par les représentans de la nation, que l'on peut écrire sauf quelques restrictions tout ce qu'on veut, et discuter librement et publiquement à une tribune aux harangues. La force positive que ces trois choses donnent à une assemblée de représentans est d'autant plus grande, qu'elle est légale, et qu'en en faisant usage dans le sens le plus pernicieux, ce dont on ne voudra pas s'apercevoir, l'assemblée a toujours l'air de rester dans la sphère des franchises publiques et de répondre à la confiances de ses commettans. Alors les passions s'abritent derrière de prétendus principes, et il se fait tout le mal qui a lieu dans les assemblées délibérantes. L'argent est le nerf de tout gouvernement; c'est aussi le point le plus délicat et qui lui fait le plus d'ennemis. Dès que c'est la représentation qui fixe le subside, le prince est dans la dépendance du dernier de ses sujets; il suffit d'une seule voix pour renverser tous ses desseins: il ne peut rien faire qui déplaise, et est obligé de passer par tout ce qu'on exige de lui, de peur de voir arrêter la marche du gouvernement et de se mettre dans des embarras pécuniaires qu'un souverain ne peut pas supporter comme les supporterait un particulier. Dans ce gouvernement c'est la république qui paye la royauté: mais elle ne prétendra pas la payer pour s'en laisser restreindre; elle ne sera généreuse qu'autant que la royauté lui cédera; elle sera parcimonieuse, avare, inflexible du moment ou la royauté fera résistance. Ici le prince descend au rang du fonctionnaire qu'on ne paye qu'autant qu'on est content de lui et qu'il est aisé de réduire à la dernière extrémité. Le vote du subside met tout le poids dans la balance de la république, il la rend maitresse de toutes les affaires, de tous les ressorts, de toutes les ressources de l'état; celui qui paye est toujours le plus fort, celui qui reçoit toujours le plus dépendant. Quand un projet de loi pourra déplaire à la couronne, on y joindra un *bill* de subsides, et comme dit Blackstone, les lois passent toujours quand elles sont en si agréable compagnie. Pour ce qui est de la liberté de la presse son effet pour n'être que moral, n'est pas moins sûr que le vote du subside. La faculté de tout écrire serait de droit naturel, si l'on pouvait admettre que l'on n'écrivît jamais que de bonnes choses; mais comme il est de la nature humaine de se tromper et d'être méchant, et que toute législation repose non sur la supposition du bien mais sur celle du mal; la liberté de la presse devient une faculté très dangereuse dont les inconvéniens doivent être prévus *). Les restrictions que dans le gouvernement libre la loi y apporte **), ne se rapportant guère qu'à des personnalités contre le roi, contre la représentation, contre la religion do-

---

*) Dans tout gouvernement, il est essentiel sans doute que le prince connaisse l'opinion publique, la meilleure règle de l'administration; mais la liberté de la presse, celle des journaux surtout, est-elle bien le sûr moyen de la lui faire connaître? Il nous est arrivé en province d'entendre parler dans les journaux de la capitale, d'une opinion que nous ne soupçonnions pas; ou nous faisait penser et dire tout le contraire de ce que nous pensions. Soyons sincères, les journaux ne renferment guère que l'opinion du journaliste, ils empruntent la couleur des partis et sont ordinairement l'organe de quelques opinions isolées. Or l'existence des partis dans l'état n'étant point une chose indifférente, les partis et les journaux demandent la surveillance de l'autorité. On a tort de dire que les journaux se règlent sur l'opinion, on ferait mieux de dire que l'opinion se règle sur les journaux, que ceux-ci la font et la dirigent à leur gré, d'où il arrive qu'avec cinq ou six feuilles bien tenaces on dissoudrait à la longue le gouvernement le plus fortement constitué.

**) Toute loi répressive des abus de la presse sera toujours quoi qu'on fasse, une loi imparfaite, attendu qu'il est entièrement impossible de définir positivement le délit. Un article de gazette qui n'attaquera ni le roi, ni la religion, ni la charte pourra cependant avoir une tendance tout à fait antimonarchique et ne sera pas puni. Il sera facile de miner les bases du gouvernement sans manquer à la loi dont l'insuffisance multipliera les attaques à l'infini.

minante, la spécieuse théorie, la fausse doctrine, l'opinion trompeuse, l'amère critique, l'accusation injuste, la satire cachée, répandent leur poison librement, et aux grosses injures près qui feraient beaucoup moins de mal, on imprime à peu-près tout ce qu'on veut. C'est une observation facile à faire, dans tous pays, que les mauvais livres l'emportent aujourd'hui sur les bons. Les journaux monarchiques tombent en défaveur: ceux dans lesquels on fronde le plus l'autorité sont les plus goûtés, les plus répandus, et rien ne donne mieux la mesure de l'opinion que la préférence que l'on accorde sur les idées saines, à ces déclamations virulentes et superficielles dont l'effet immanquable est d'affaiblir le pouvoir suprême en le déconsidérant. À force de lire de mauvais écrits on se pénètre de leurs maximes; il est si peu de personnes qui sachent faire la part du vrai et du faux; à force de se repaître de théories on se nourrit de leurs erreurs, on se transporte dans un monde imaginaire, on croit s'instruire quand on s'égare, et quand enfin on est venu à se condamner soi même pour avoir crû si longtems à des vérités utiles, on se juge un grand homme et l'on veut gouverner l'univers. Dans l'état actuel des sociétés où l'opinion a pris une direction diamétralement opposée au but qu'elle veut atteindre, la liberté de la presse doit nécessairement faire plus de mal que de bien, car les bonnes idées qui sont d'ordinaire des idées de paix et de tranquillité, fléchiront toujours devant les idées fausses qui sont audacieuses et violentes. On parle tant des lumières du siècle et de la nécessité d'instruire les peuples; mais il serait facile de prouver que la liberté de la presse, dont on ne fait usage que pour lancer dans le monde des brochures sans valeur littéraire, dont tout le prix est celui du moment est la mort des bonnes lettres et de la véritable instruction parce qu'elle détourne l'attention d'objets classiques pour la diriger sur des objets éphémères propres seulement à flatter l'amour propre de quelques auteurs qui en ont toujours un peu. Ni les sciences, ni la civilisation, ni les vraies lumières ne gagnent rien à cette phrasomanie et assurément ni les lois, ni la morale, ni la religion, ni surtout la liberté d'un peuple n'y gagneront jamais rien. La civilisation actuelle serait parvenue au même point, peut-être serait-elle plus pure, sans les neuf dixièmes de toutes les brochures théologiques et politiques du dernier siècle. Comparez les tems, mettez les chefs d'oeuvres de l'ancienne littérature et du règne de Louis XIV a côté des productions de nos jours, et cependant on frémit quand on lit les édits de censure de ces tems du pouvoir. Le peu de bons livres qui s'écrivent encore, n'auraient pas besoin de la liberté de la presse, car un bon-gouvernement ne défendra pas les bons écrits. On dit que la publicité, la liberté de la presse sont les seuls moyens d'empêcher les abus de la souveraineté; nous sommes fort loin de le contester; mais dans nos états sont ce bien les abus du pouvoir que nous devions craindre, et ces entraves pour le mal ne sont-elles pas plutôt des entraves pour le bien que se propose un gouvernement; si elles limitent l'action du pouvoir suprême, peuvent-elles limiter l'action du pouvoir populaire, et dans des états soumis à la prépondérance démocratique, la faculté de tout écrire ne favorisera-t-elle pas la république aux dépens de la monarchie? Il est permis de le craindre sans offenser personne. La liberté de la presse serait mille fois plus nécessaire dans l'état absolu que dans l'état libre, où la seule présence des chambres et la publicité des débats suffisent pour instruire la nation et pour arrêter le pouvoir. Dans un gouvernement semi-républicain où l'attention générale se porte sur les affaires publiques, où la lecture est une nécessité et un besoin de la vie pour tant d'oisifs qui n'ont que ce moyen de satisfaire leur humeur inquiète, les mauvais livres ne manqueront pas leur effet. Écrits dans le sens d'une majorité qui, nous le répétons, est hors d'état de juger la question, ils répandront de faux aperçus sur le véritable état des choses et entretiendront parmi la multitude cette fermentation et cette tension d'esprit ennemies de l'ordre et d'une reconstruction qui demande un long repos et une parfaite tranquillité intérieure. Qu'alors le souverain fasse usage de son *Veto* pour rejeter une loi qui plait à une majorité séduite; aussi-tôt vingt journaux, cent brochures apprendront au peuple qu'on en veut à ses droits, que la résistance est le plus saint des devoirs, que le moment est venu de choisir de bons représentans qui soient dans l'intérêt du peuple et non de ces représentans timides esclaves du pouvoir dont le peuple n'a rien à espérer. À la tribune s'élancent des orateurs passionnés qui tonnent contre le gouvernement; plus ils sont violens, plus ils sont applaudis; plus ils se déchaînent sans mesure contre l'autorité, plus ils sont patriotes, et quand enfin tristement renfermé dans son palais, tremblant de perdre davantage en résistant plus longtems, le prince, sur l'avis de ses ministres qui seront changés tous les huit jours, aura sanctionné la loi, l'orage ne s'appaisera que pour recommencer avec plus de furie à la première occasion.

Nous le demandons: que peuvent contre de semblables attaques un *Veto* absolu ou suspensif, une simple force morale qui n'en est pas une en réalité, une vaine formule, un mot prononcé dans le tumulte des passions?

Que ce tableau ne paraisse pas trop rembruni. Ce sont là les conséquences nécessaires d'une mauvaise législation pour peu qu'elle gagne le tems de se développer, et, quelque soit l'apparence brillante de son début. Nous citons toujours avec complaisance la révolution d'Angleterre, parce qu'elle nous montre ce qui arrive dans le gouvernement constitutionnel malgré la trinité politique, lorsque rien ne peut mettre un frein à l'audace de licencieuses communes. Charles I eut beau faire usage de son *Veto*, il fut souvent dans le cas de sanctionner des lois détestables seulement pour avoir de quoi payer sa maison. Lorsque las de céder toujours et voyant que bientôt il ne conserverait plus rien, il voulut faire résistance, l'argent lui manqua pour soudoyer une armée; le parlement en leva une pour son compte et lui déclara la guerre. Des écrivains républicains et des orateurs populaires dans la chambre basse, avaient déjà familiarisé les esprits avec la république.

Or si en Angleterre où la puissance de l'aristocratie avait un moment faibli, la prépondérance des communes put faire une révolution malgré la présence d'une pairie, que pouvons nous dans l'état de dénuement où nous sommes, nous promettre d'une législation assise sur cette même prépondérance, notre noblesse étant mille fois plus faible encore que ne l'était à cette époque la noblesse anglaise?

L'immortel restaurateur de la monarchie française, plein du désir de rendre enfin quelque fixité à la France, a vu le danger et a cherché à le prévenir. Un gouvernement représentatif dans un grand pays systématiquement nivelé d'un bout à l'autre à la suite d'une révolution dont le caractère fut la destruction, et qui ne renferme plus d'élémens aristocratiques assez forts pour contenir l'élément républicain, était incontestablement un problème bien difficile à résoudre, et de graves circonstances provenant du choc inopiné de tant d'intérêts contraires, ajoutaient à la difficulté. Louis XVIII que l'histoire mettra au rang des meilleurs princes, a senti qu'en octroyant une charte à son peuple, la trinité des pouvoirs ne serait qu'une forme insuffisante et qu'au fond la pairie serait hors d'état de jouer en France dans la législation le rôle qu'elle y joue en Angleterre. Craignant avec raison les envahissemens de l'élément démocratique comme la fin de toute liberté, ce prince a jugé dans sa haute sagesse, qu'il serait imprudent de se régler en tout point sur le gouvernement anglais, et que la noblesse française ayant péri, la royauté devait se renforcer d'une autre manière et prendre sa résistance dans elle même. Il a donc expressément réservé à la couronne l'initiative des lois, laissant aux chambres le droit d'amendement et de rejet avec celui de se réunir pour supplier le roi de faire telle ou telle proposition. Cette différence dans les deux législations de France et d'Angleterre mérite la plus grande attention: elle n'est pas, comme on le croit, de pure forme, elle est sagement calculée en ce qu'elle supplée à l'insuffisance du pouvoir aristocratique et resserre les attributions des communes dans un cadre plus étroit. La décomposition sociale en France est bien grande, les passions y sont fort vives, la population nombreuse est difficile à gouverner: la division infinie des terres détruisant les contrepoids, donne à la démocratie une prépondérance bien dangereuse et met sans cesse la royauté aux prises avec ce pouvoir populaire toujours ami de la liberté extrême. Si l'initiative des lois appartenait aux chambres, on verrait chaque jour sur le bureau du président cent projets de lois plus inadmissibles l'un que l'autre, et comme il serait du devoir du gouvernement de les écarter sans seulement les prendre en considération, le moins qui en résulterait serait de produire des mécontentemens, des haines, des sorties et ces accusations injustes offertes à la crédulité d'un peuple un peu crédule, et dont la continuelle répétition finit toujours par égarer la grande majorité des citoyens. Placé au sommet de la société, la considérant dans son ensemble, apercevant ses défauts et ses besoins, jugeant de tout avec ce calme et cette impartialité que n'auront jamais les assemblées délibérantes, le roi de France proposant la loi, est le premier pouvoir législlateur; les chambres sont son conseil, appelé à discuter, à amender, à rejeter les lois proposées par la couronne. Elles instruisent, elles éclairent le prince, elles peuvent faire naître en lui des idées salutaires, mais ne pouvant pas s'emparer exclusivement de la législation pour la diriger dans un sens dangereux, le mal qu'elles pourraient faire est arrêté dans son principe, lorsqu'elles ont toute la plus grande faculté de faire le bien. Cette prévoyance du monarque a fait le salut de la France; elle promet aux Français une fixité dont ils n'ont pas toujours joui, pourvu que la nation sache l'apprécier, et se ralliant franchement autour du trône, lui donne le tems et les moyens de faire de la pairie une institution plus forte capable de balancer l'influence énorme du pouvoir populaire qui dans un grand mouvement des communes, supposé que la représentation échappât au gouvernement, réduirait facilement la chambre haute au silence*).

---

*) La pairie française se compose aujourd'hui en majorité d'anciens sénateurs de l'empire, de maréchaux, de généraux, de dignitaires, presque tous salariés par le gouvernement pour d'anciens services. Quand cette pairie sera éteinte, quand les aînés auront succédé, les appointemens cessent, les pairs seront réduits à leurs majorats. Or le majorat d'un duc est de 30,000 francs, celui d'un comte et d'un marquis de 20,000, celui d'un baron de 10,000. On a peine à concevoir comment avec ce modique revenu, les pairs pourront vivre convenablement. Il faut encore observer que faute de fortune, beaucoup de pairs ont été exemptés de l'obligation de créer

Nous n'ignorons pas qu'une mauvaise composition de la chambre qui serait avec le tems, le résultat nécessaire d'une représentation abandonnée à elle même, ferait encore beaucoup de mal si ses membres s'obstinaient à rejeter toutes les bonnes lois proposées par la couronne, ou à les amender de manière à en rendre l'effet illusoire; mais nous pensons qu'il ne tiendra toujours qu'au gouvernement d'exercer sur la représentation une influence salutaire, et comme dans la législation tout émane de lui et que la source en est la plus pure, ce n'est pas du moins par les lois qu'il peut périr, attendu qu'il est impossible d'admettre qu'il consente à se donner des lois républicaines.

Il est en France des hommes passionnés qui, redoutant les dangers du gouvernement libre, voudraient l'abolir pour rétablir l'ancien régime. Nous ne savons trop ce qu'ils entendent par ce mot, à moins que ce ne soit le régime de la cour qui n'est jamais une forme de gouvernement: car pour un véritable régime, nous ne

---

des majorats, et que la moitié au moins des majorats en France n'est pas fondée sur le territoire, mais en rentes, en inscriptions sur le grand livre, ce qui ne peut donner à la pairie aucune influence sur les communes dans la représentation. C'est cette faiblesse extrême de la chambre héréditaire qui est l'écueil du gouvernement. La noblesse française n'a plus qu'un moyen de renaître, c'est de se marier dans la roture où les fortunes sont plus considérables, et d'acquérir par ce secours la propriété territoriale.

Chapitre IX.

voyons pas en nous rappelant toutes les phases de la monarchie, que la France depuis un tems immémorial ait joui d'une forme bien positivement définie, et ceux qui parlent tant d'autrefois ne devraient pas oublier que ce fut en grande partie le vague dans l'ordre politique qui prépara la décomposition dont résulta la secousse. Les exagérations sont dangereuses dans les deux sens; ceux qui trop ardens dans leurs désirs demandent sur le champ toutes les concessions du régime libre avant d'avoir fondé de véritables institutions, et ceux qui veulent détruire la forme actuelle sans trop savoir au fond par quoi la remplacer, ont également tort. Il faut louvoyer entre ces deux écueils pour ne pas chavirer. Que la charte s'exécute dans un sens monarchique, que dans toutes les combinaisons législatives, l'affermissement du trône comme la partie la plus menacée, soit le premier point de vue, que la France cherche à rétablir de grands corps qui puissent se placer entre la royauté et la république, et des institutions faiblement assises aujourd'hui, pourront gagner le tems de s'affermir.

Peuples qui voulez la liberté, pénétrez Vous de cette vérité que dans le gouvernement constitutionnel rien n'est fait quand on ne s'occupe que de limiter la couronne; d'autres dangers veulent d'autres barrières. Vos plus grands dangers sont en Vous.

L'initiative des lois est donc un objet de la plus haute importance dans le gouvernement représentatif. Elle doit dans nos monarchies appartenir au souverain. Les peuples qui prennent l'Angleterre pour modèle, sans réfléchir à la différence de leur histoire, de leur jurisprudence, de leurs élémens, voudront se donner la première part et ne laisser au prince qu'un droit fictif, forgent leurs fers. Depuis longtems à la suite du nivellement, des doutes s'élèvent sur la royauté et sur l'hérédité des couronnes. Il est en Europe plus d'un républicain de bonne foi qui regardant avec ardeur vers les États-Unis, croit son pays propre à revêtir une forme de gouvernement dans laquelle tous les citoyens ont la douce perspective d'une présidence qui les élève aux plus hautes dignités. Le ciel nous garde de ces législateurs. Dans un état représentatif où le souverain n'aura conservé qu'un *Veto*, la royauté perdra toute considération. N'étant plus soutenue par une majestueuse noblesse dont l'éclat puisse rejaillir sur elle, en renonçant à sa qualité de premier pouvoir législateur, elle se dépouillera de la seule chose qui l'illustrât encore et la séparât du gros de la nation. Désormais, la royauté devient une simple magistrature, le prince n'est plus qu'un fonctionnaire public, et comme les hommes ne savent borner ni leur ambition ni leur amour-propre, ils se feront bientôt à l'idée que le prince peut disparaître et que chaque citoyen remplira tout aussi bien sa place. Les bouleversemens, la guerre civile et étrangère, la perte de nos bonnes et braves dynasties, et finalement le despotisme du sabre que nous invoquerons comme un bienfait du ciel, seront les conséquences de ces tristes erreurs. Tout cela s'est déjà vu, mais il semble que les erreurs soient si douces qu'on serait désolé d'en guérir; les révolutions s'oublient, le mal qu'elles ont fait n'a pas frappé tout le monde, les passions sont de toute éternité et plus d'un exemple de fortune est là, qui peut secrètement faire désirer des commotions.

Quand on réfléchit à l'histoire, à l'origine de nos gouvernemens, aux révolutions qui ont eu lieu, aux lois immuables qui régissent les corps politiques, nous ne saurions nous le cacher, l'Europe est sur son déclin, de grands événemens se préparent. Les questions que nous avons agitées, sont vitales et décideront de sa renaissance ou de sa chute.

Terminons :

1) L'agitation que nous apercevons dans le corps social n'est pas l'effet d'une faction; elle est toute historique et remonte aux tems les plus reculés; elle n'est donc point passagère, elle doit augmenter, elle exige toute la sollicitude des gouvernemens.

2) Le remède au mal ne se trouve pas dans

d'établissement instantané de constitutions représentatives dans le sens propre du mot.

3) Le mal se trouve dans le nivellement, dans la décomposition des sociétés, dans cette confusion des élémens qui n'admet plus d'équilibre dans les rapports et cause une fermentation générale.

4) Il faut donc s'occuper d'une bonne recomposition qui puisse rendre le calme à nos élémens confondus.

5) Mais cette recomposition demande, avec une paix profonde, un long travail préparatoire. Ce n'est ni par la forme anglaise, ni par toute autre forme brusquement introduite, que les nations se donneront avec la fixité qui est le but de l'état, la liberté qu'elles veulent acquérir: elles prennent la route du despotisme.

FIN.

www.ingramcontent.com/pod-product-compliance
Lightning Source LLC
Chambersburg PA
CBHW070754170426
43200CB00007B/775